ENCABRONADOS

D1564754

ENCA BRONA DOS

JULIO HERNÁNDEZ
"Astillero"

temas 'de hoy.

Ilustración de portada: Darío Castillejos
Fotografía del autor: © Blanca Charolet
Diseño de interiores: Grafia Editores

© 2017, Julio Astillero

Derechos reservados

© 2017, Editorial Planeta Mexicana, S.A. de C.V.
Bajo el sello editorial TEMAS DE HOY M.R.
Avenida Presidente Masarik núm. 111, Piso 2
Colonia Polanco V Sección
Delegación Miguel Hidalgo
C.P. 11560, Ciudad de México
www.planetadelibros.com.mx

Primera edición: abril de 2017
ISBN: 978-607-07-3939-2

Impreso en los talleres de Litográfica Ingramex, S.A. de C.V.
Centeno núm. 162-1, colonia Granjas Esmeralda, Ciudad de México
Impreso y hecho en México – *Printed and made in Mexico*

Para Ángeles Guerrero,
por los patos en la Alameda.
Para Julio Alejandro y Sol Ángel,
por las enseñanzas.

ÍNDICE

Mapa de sitio:
¿de qué va este libro?

Este libro se escribió con la vista puesta en la evolución del enojo social ante la ineficacia, el cinismo y la corrupción de los grupos que han gobernado en México.

La primera parte se centra en la mayor explosión del hartazgo ciudadano, lo que fue llamado «el gasolinazo», y en el arranque ofensivo de Donald Trump como presidente, con el muro de la discordia, forcejeos y amenazas.

La segunda parte es una relatoría —una especie de crónicas al galope— de la recepción en la casa presidencial de Los Pinos ofrecida al entonces candidato presidencial republicano, Donald Trump, y de los desfiguros peñistas relacionados con el cuarto informe de gobierno y con un fingido diálogo con jóvenes. Esos días son puestos en contexto con amplitud porque en ellos están varias de las claves de los reacomodos peñistas que, en el fondo, constituyen una forma de anexión política al proyecto expansivo de Trump.

La tercera parte plantea algunas interrogantes y reflexiones sobre casos representativos del enojo popular; es decir, cómo puede seguir adelante, como si nada, una nación a la que le encajan tantas lesiones desde los poderes públicos. Preguntas de difícil respuesta, o de informuladas respuestas subyacentes en el ánimo creciente de protesta social.

Una amplia mirada crítica a personajes de la política y a la forma misma de hacer política constituye la esencia de la cuarta parte. Un recorrido por los callejones oscuros de la vida pública mexicana. Al análisis específico de temas se agregan, en este y otros capítulos, algunos relatos reconstruidos que provienen de apuntes del autor, tomados de informales pláticas privadas. Los nombres y las características de esos involuntarios opinantes no son reales, pero sí la esencia expresiva de lo que consideran algunos partícipes del gran espectro social en crisis.

Los principales aspirantes a presidir el país a partir de 2018 y el comportamiento de sus partidos son analizados en la quinta parte.

Por último, en la sexta parte del libro el autor expone su convicción de que México requiere de un estremecimiento político y social que obligue a la clase política a realizar cambios verdaderos y trascendentes.

PRIMERA PARTE

El gasolinazo y las protestas;
el muro, la vergüenza y las amenazas

El gasolinazo anunciado

El arranque de 2017 presenció el detonar de una larga acumulación de agravios en una sociedad hasta entonces relativamente rutinaria en el procesamiento de sus conflictos. Nunca antes, desde el estallido revolucionario convocado en 1910 por Francisco I. Madero, se habían producido tantos episodios de violencia social en tantos puntos del país. Tampoco el sistema presidencialista mexicano había tenido a la cabeza a un personaje tan políticamente lerdo e irritante como Enrique Peña Nieto, auténtico lanzador de gasolina sobre un incendio social creciente.

El enojo profundo, un franco encabronamiento colectivo de los mexicanos, se desahogó a partir del anuncio gubernamental de un aumento cuantioso en el precio al público de los dos tipos de gasolina y del diésel que se expenden en el país. Con el inicio del año, la gasolina Magna se vendería, en pesos, a 15.99; la Premium, a 17.79 y el diésel a 17.05. Es decir, el público consumidor pagaría un incremento porcentual de 14.2, 20.1 y 16.5, respectivamente, en comparación con los precios máximos registrados en diciembre de 2016. («Gasolina en las nubes», columna México SA, Carlos

Fernández-Vega, *La Jornada*, 23/12/2016). El impacto ni siquiera se anclaría en esas cifras, pues era el primero de los ajustes realizados por el gobierno mexicano para «liberalizar» los precios de esos combustibles. Las tarifas mencionadas en este párrafo se mantendrían vigentes hasta febrero del mismo 2017 y, después, diariamente se irían acomodando a las variantes del mercado.

El gasolinazo, como de inmediato se denominó a ese golpe económico, fue precedido por una etapa de desabasto en buena parte del país, en los días finales de diciembre de 2016, durante un periodo tradicional de descanso que fue alterado por la desesperante carencia de combustibles, la cual provocó largas filas de automovilistas en espera de algunos litros de gasolina; compras de reserva, incentivadas por el miedo, y una ansiedad social que era clara premonición de las turbulencias por venir. («¿México sin gasolina? Al menos diez estados sufren la falta de combustible», *La Opinión,* Los Ángeles, 24/12/2016).

El anuncio del gasolinazo, hecho por la Secretaría de Hacienda y Crédito Público (SHCP) mediante un comunicado abundante en tecnicismos y puntualizaciones, se conoció el 27 de diciembre, es decir, la víspera del Día de los Santos Inocentes, fecha en la cual se recuerda la versión cristiana de la matanza de niños por parte de Herodes el Grande. Ese día, el 28, en los países hispanohablantes se juegan bromas y se hacen engaños al amparo de la presunta inocencia de las víctimas: «Inocente palomita, que te dejaste engañar», es uno de los estribillos con los que se justifican las chanzas, e inclusive abusos, cometidos al amparo de las inocentadas. Pero, con el gasolinazo, México parecía perder su falsa inocencia, potenciados de pronto todos los subsistentes ánimos de protesta y revancha contra una clase política y un sistema que hasta entonces se habían obstinado en no atender los constantes reclamos populares.

El martes 27 de diciembre de 2017, cuando se formalizó lo que todo México sabía respecto al aumento en los precios de gasolinas y diésel, el ocupante formal del poder presidencial, Enrique Peña Nieto, llevaba un día de vacaciones. Desde el lunes 26 se había declarado en descanso y volvería al trabajo hasta el 4 de enero de 2017 aunque, según la información oficial, estaría pendiente de los «acontecimientos» del país y atento a cumplir con su «responsabilidad». En esos diez días de holganza presidencial, México recorrió un abanico de acciones y emociones como nunca en los accidentados cuatro años de administración que recientemente había cumplido Peña Nieto, ni en la historia institucional posrevolucionaria. Amplios segmentos sociales, entre ellos transportistas, agricultores, comerciantes y colonos urbanos que habían sido parte de la base social controlada por el Partido Revolucionario Institucional (PRI), en el poder, iniciaron una escalada de protestas que fueron creciendo hasta convertirse, en muchos puntos del país, en un abierto y arrebatado rechazo a la forma de gobernar, o de desgobernar, que hasta entonces habían practicado Peña Nieto y su equipo. El grito de «¡Fuera Peña!» dejó de ser patrimonio de grupos muy politizados para convertirse en exigencia de un conjunto social de pronto radicalizado por la agresión directa al bolsillo. («En 16 estados se endurecen bloqueos por el gasolinazo», *El Sol de México*, 2/1/2017).

Para los asiduos a las marchas y manifestaciones de protesta, vistas con desdén o abierto repudio por algunos de los que ahora se estrenaban en el marchar y el protestar, resultaba muy ilustrativo escuchar las consignas y coros más tradicionales, los estribillos de siempre en el catálogo de la izquierda social, entonados de pronto por los recién llegados a la oposición activa. En esos días de levantamiento cívico no hubo presidente de la República a la vista, aunque se supo que Peña Nieto se alojaba, ya al final de su periodo de asueto, en un lujoso desarrollo turístico denominado Estrella del Mar, en Mazatlán, Sinaloa, adonde ya en otras ocasiones el político nacido en el Estado de México había viajado para descansar y practicar su deporte favorito, el golf. («Peña Nieto juega golf con Quirino en Mazatlán», *RíoDoce*, 28/12/2016).

Restituir al «virrey Garay» entre bloqueos, saqueos, provocación, caos

Y cuando regresó, las protestas seguían ahí. Enrique Peña Nieto cumplió, esa sí, su promesa de descansar hasta el 4 de enero de ese 2017 de despertar violento. Entre el primer día del año y la noche del 4 de enero, cuando Peña emitió un «mensaje nacional», se había vivido una extraordinaria violencia física y psicológica en buena parte del país. Decenas de miles de personas se habían manifestado abiertamente en contra del gasolinazo y del responsable político de esas decisiones, el propio Peña Nieto. Las protestas habían incluido tomas de casetas de peaje en carreteras federales, obstrucción de carreteras en general, cercos a centros de almacenamiento de Petróleos Mexicanos, plantones y acciones contra oficinas públicas de los tres niveles de gobierno, marchas que desembocaron en las sedes de los congresos y las gubernaturas estatales y, en varios casos, confrontaciones con las fuerzas públicas, con saldos de muertos, como sucedió en Ixmiquilpan («Procuraduría de Hidalgo confirma dos muertos en Ixmiquilpan, tras protestas por gasolinazo», *El Financiero*, 6/1/2017); de invasión y daños en palacios de gobierno, como pasó en Monterrey («Encarcelan a 110 por vandalismo y saqueos en Nuevo León», *Proceso*, 9/1/2017); detenciones y consignaciones judiciales arbitrarias, como aconteció en la ciudad de Durango, con tres activistas a los que Pemex pretendió culpar de pérdidas por 61 millones de pesos por bloquear el paso a sus instalaciones («La aplicación de la ley o las trampas del poder», Álvaro San Juan, *El Sol de Durango*, 12/1/2017); toma de cruces internacionales, como se vivió en Ciudad Juárez y Tijuana; tiros al aire de policías para dispersar a manifestantes que en Nogales, Sonora, impedían el paso de trenes («Disparos, vandalismo y horror en manifestación de Nogales», *El Debate*, 8/1/2017), hasta la escena de Camargo, Chihuahua, donde ciudadanos de rodillas y cantando el *Himno Nacional* lograron frenar la embestida policiaca que pretendía retirarlos de una caseta de peaje de la Carretera Panamericana. («Protestan pacíficamente cantando *Himno Nacional*», *El Popular*, 11/1/2017).

El indignado arranque del año exhibió a las autoridades de todos los niveles en su más afinada impericia política. El ocupante de la Presidencia de la República andaba de vacaciones y la gran mayoría de los gobernadores y presidentes municipales se mantenía en una suerte de pasmo, apenas interrumpido por declaraciones periodísticas demagógicas e intrascendentes, rotos los candados que durante tantas décadas habían constreñido las movilizaciones populares a segmentos muy definidos, de activismo sustentado en claras definiciones políticas e ideológicas. Ahora, la protesta se extendía más allá de esos encuadres ya conocidos de, por dar un ejemplo, los maestros disidentes del oficialismo, que meses atrás habían protagonizado movilizaciones numerosas y enérgicas, en protesta por otra de las «reformas estratégicas» del peñismo, la educativa. En otros años se habían registrado marchas y manifestaciones contra la inseguridad pública y en especial contra los secuestros, el cobro de plaza y los asesinatos. Y seguía viva la flama de la lucha de los familiares de los 43 estudiantes normalistas de Ayotzinapa, desaparecidos en Iguala, Guerrero. Varios de esos movimientos lograron conjuntar a miles de ciudadanos deseosos de frenar el despeñadero nacional y, en su momento, hacer que despertara la conciencia de los mexicanos. Pero, hasta el inicio de 2017, nada había sucedido con tal fuerza y diseminación como las protestas contra el gasolinazo.

En esa especie de vacío de poder que se vivió en los primeros cuatro días del año, también se produjo una extraña oleada de actos vandálicos. De pronto aparecieron grupos muy eficaces de personas que se dedicaron a asaltar grandes almacenes departamentales, centros comerciales, tiendas al menudeo (llamadas «de conveniencia»), estaciones de gasolina y pequeños y medianos negocios. («¿Saqueos y vandalismo, solo distractores ante el gasolinazo?», René del Valle Bosas, *Diario de Xalapa*, 6/1/2017). En varios casos se reportó una peculiar indolencia de los mandos policiacos para impedir los saqueos, e incluso hubo testimonios gráficos de agentes cargando en sus patrullas algunas de las mercancías robadas. En el puerto de Veracruz, por ejemplo, una videograbación mostró, al principio, a elementos de la Secretaría de Marina apostados en las inmediaciones de una sucursal de una cadena de tiendas departamentales en donde decenas de personas, incluyendo menores de edad, de pronto se concentraron en abrir una especie de cobertizo donde había juguetes y otros productos que fueron gozosamente robados, en una vergonzosa rapiña a cuyo final aparecieron algunos marinos solamente para dar cuenta de que la estantería había quedado limpia de mercancía. («Transmiten en vivo saqueo a tienda Chedraui en Veracruz», *Radio Fórmula*, 4/1/2017).

Lo peor fue cuando de esa fase del saqueo (¿tolerado, promovido?) se pasó a la de los rumores que hablaban de ataques abiertos de grupos violentos, sobre todo en el Estado de México. Fueron largas horas de miedo inducido, con insistentes relatos a través de las redes sociales (programados, exagerados, falsos, aunque también había una porción de hechos ciertos) que hablaban de gente golpeada por extraños al ir caminando, robos violentos a negocios de la más diversa índole y la advertencia de que esas bandas de agresores avanzarían hacia uno u otro punto de la franja del Estado de México que está conurbada con la Ciudad de México, la cual, por lo demás, también tuvo episodios de psicosis inducida en mercados, tiendas departamentales y calles. («Falsas alarmas y saqueos infunden miedo en la población del Valle de México», *Político.mx*, 4/1/2017). Un país acostumbrado a escenas de violencia extrema y al incumplimiento sistemático de responsabilidades por parte de los gobernantes, experimentó por primera vez, a nivel general (aunque las ciudades asoladas por las bandas del crimen organizado han tenido múltiples veces esa impresión de estar absolutamente abandonadas), la sensación de la ingobernabilidad, de la falta de referentes para intentar un orden mínimo.

Los saqueos, los rumores y los hechos violentos ciertos encajaban a la perfección con alguna estrategia de amedrentamiento social en busca de desalentar las protestas. La primera reacción de la gente fue la protección. Muchos negocios cancelaron sus actividades de inmediato, en algunos lugares se suspendió el servicio de transporte público, las familias se encerraron lo más pronto que pudieron en sus casas y las calles se vieron insólitamente desiertas apenas al caer la tarde. Más allá del impacto inmediato, que podría desalentar la participación ciudadana en las protestas, estaba en el ambiente la descomunal presión de los altos mandos del Ejército y la Marina para que el congreso federal aprobara reformas que permitieran a las fuerzas armadas intervenir, con un «marco legal» adecuado, en todo lo que pudiera significar alteraciones a la seguridad interior del país, no solamente en el terreno del crimen organizado, en el que soldados y marinos habían cumplido diez años de actuar pesadamente, sin tener las facultades legales para ello, sino, también (¿sobre todo?) en este tipo de protestas sociales que, a juicio de los gobernantes, pudiesen salirse de control. A fin de cuentas, la fase de los saqueos, los rumores y la violencia de origen impreciso habría ayudado mucho a mostrar el cuadro de desorden que esperaría a los mexicanos si no se aprobaba una Ley de Seguridad Interior que permitiría la militarización del país. («Celeridad a Ley de Seguridad Interior», Astillero, *La Jornada San Luis,* 11/1/2017).

Por lo pronto, el 4 de enero de 2017, Peña Nieto no emitió un mensaje que tomara nota sensata de lo que estaba sucediendo en el país ni ofreció alguna fórmula de apaciguamiento. Se ancló en un discurso de presunta justificación de los hechos consumados, argumentando que todo era por el bien del país y declarándose comprensivo respecto al enojo social, pero decidido a impedir que se extendiese la «anarquía».

En todo caso, lo más relevante de ese día fue la decisión de regresar al gabinete a Luis Videgaray Caso, el polémico poder tras el trono peñista, que había dejado la Secretaría de Hacienda luego de organizar una impugnada visita del entonces candidato republicano, Donald Trump, a la residencia presidencial mexicana. («Videgaray, el brazo derecho de Peña Nieto, regresa a Los Pinos», *Forbes México*, 4/1/2017). En términos políticos, Videgaray fue el primer funcionario de un gabinete mexicano nombrado por el presidente electo de Estados Unidos. A causa de Trump había dejado Hacienda, pues él había sido el responsable de aquella visita que provocó gran repulsión en México, en la administración de Barack Obama y en el ámbito del Partido Demócrata estadunidense. Ahora, como si tal recepción denigrante a Trump hubiese sido una apuesta ganada, Videgaray se ocuparía de la Secretaría de Relaciones Exteriores, para que el rubio tanque de guerra, con placas de identificación DT, tuviera la adecuada pavimentación en México. Por si algo faltara, el restituido Videgaray dijo, ante miembros del Servicio Exterior Mexicano, que él llegaba para «aprender» en su nuevo cargo de canciller. Varios motivos más para el encabronamiento nacional.

Del «¿qué hubieran hecho ustedes?» a la esquela de la gallina de los huevos de oro

Un día después ya estaba Peña Nieto dando otro «mensaje» a la nación. «Sé que hay mucha molestia y enojo por esta situación. Son sentimientos que entiendo y que comprendo», dijo el 5 de enero de 2017, antes de entrar a «explicar» las causas del gasolinazo, que situó en factores del exterior. Luego detalló, en un lance con ribetes de chantaje, los programas sociales de alto interés que habrían sido afectados si no se hubiese optado por aumentar el precio al público de las gasolinas y el diésel. Y, entonces, con toda una tragedia social dibujada como hipotética consecuencia si no se hubiera tomado la decisión del gasolinazo, soltó otra de sus frases célebres por socialmente irritantes: «Aquí les pregunto: ¿qué hubieran hecho ustedes?». («Top 15 memes del "¿Ustedes qué hubieran hecho?" de Peña Nieto y los múltiples saqueos», *El Deforma*, 6/1/2017).

En otras circunstancias hubiera parecido un avance interesante la aparente concesión inquisitiva de un ocupante de la Presidencia de la República, en busca de colaboración para resolver un problema grave. Quienes se sientan en la silla del poder más importante del país suelen considerar que sus puntos de vista son los únicos valiosos para la toma de decisiones clave. Información privilegiada, razones de Estado y una visión panorámica son los elementos que arguyen esos emperadores temporales para imponer sus criterios. Peña Nieto, en cambio, comparecía ante una nación encabronada para preguntar, de manera hipócrita, qué hacer ante una desgracia largamente labrada por ese mismo interrogador y por el sistema que aún lo sostenía. Ante los trágicos hechos consumados, el amable mexiquense se dejó caer, indefenso, para preguntar a los mexicanos qué habrían hecho en su lugar. Ni Juan Gabriel, el cantante y compositor que murió en 2016, habría planteado esa pregunta con tanta languidez. En su canción *La diferencia*, el artista nacido en Michoacán pero identificado con Ciudad Juárez, podría haber parafraseado el último estribillo para que dijera: «[...] la diferencia entre tú y yo tal vez sería, corazón, que yo en tu lugar... que yo en tu lugar... no robaría».

Aún no se apagaba el escándalo de la falsa apelación de Peña a los mexicanos para que le dijeran qué hubieran hecho, cuando ya estaba el peñismo de nuevo en el punto más alto del enojo social: «La gallina de los huevos de oro se nos fue secando, se nos fue acabando y de ahí financiamos muchas cosas, y cuando el precio del petróleo estaba alto, el gobierno tenía excedentes; se nos acabó». Así fue como Peña Nieto «explicó» las razones por las cuales la economía y la sociedad estaban en crisis. («"La gallina de los huevos de oro se nos acabó", dice EPN para justificar "gasolinazo"», *Sopitas.com*, 13/1/2017).

No solo fue extraño lo dicho por Peña, sino su expresión, su composición escénica: «La confesión de dorada muerte avícola fue realizada con un lenguaje corporal, pero, sobre todo, facial, que dio cuenta de una visión alterada del curso nacional. Tristemente sonriente, con el aire de quien va explicando con afabilidad y condescendencia lo que probablemente la audiencia no alcanza a entender, el autorizado expositor mantuvo la expresión de quien no es comprendido adecuadamente por la generalidad pero, convencido de su verdad aún no apreciada, la va desgranando con una media sonrisa (entre amarga y divertida), apoyado a veces sobre el lado derecho de su cuerpo, revelando a sus subordinados las noticias funerarias» (Astillero, *La Jornada*, 13/1/2017).

La peculiar esquela avícola presentada por Peña Nieto olvidaba precisar que esa gallina, en realidad, había sido sacrificada larga y concienzudamente por las élites políticas, tanto priistas como panistas; por una mafia sindical cuyo prototipo de enriquecimiento desproporcionado era el propio líder nacional, Carlos Romero Deschamps, y por empresarios partícipes de la corrupción, todos los cuales se habían quedado desde siempre con esos huevos de oro negro. La sentida declaración funeraria contrastaba, por lo demás, con el entusiasmo de grupos empresariales extranjeros y nacionales que participaban en la rebatiña por los contratos relacionados con el petróleo mexicano (entre ellos, una de las empresas favoritas del sexenio peñista, Higa, y otra en la que participó un cuñado del expresidente Carlos Salinas de Gortari, concuño este, a su vez, del director en turno de Pemex). «Las gallinas que vos matáis gozan de cabal salud como para venderlas al extranjero, a los amigos y allegados (y llevarse una buena comisión)», podría ser la paráfrasis aplicable al caso.

El Chapo como tributo al nuevo emperador, Trump

El 19 de enero del mismo 2017, el gobierno de Peña Nieto hizo saber que había extraditado al más famoso de los narcotraficantes mexicanos, Joaquín Guzmán Loera, alias *el Chapo*. A menos de 24 horas de que Donald Trump rindiera protesta como presidente de Estados Unidos, un tribunal federal de justicia había decidido, con desconocida premura, que era procedente el envío del capo al vecino país.

La decisión judicial fortaleció la impresión de que el gobierno peñista asumiría una política de sometimiento ante el grosero y expansivo sucesor de Barack Obama. Enviado como una especie de tributo de buena voluntad ante el inicio del reinado del vecino, el Chapo llegó a Estados Unidos en las últimas horas de gobierno de Obama, cuando este ya estaba virtualmente retirado de cualquier opción operativa, solo para disimular con tretas de reloj checador el hecho de que Peña estaba entregando a Trump a un emblemático jefe de la delincuencia transnacional pero, sobre todo, a un explosivo depósito sinaloense de los secretos de la narcopolítica mexicana, a un conocedor profundo de los arreglos entre el crimen organizado y las campañas, elecciones y el ejercicio de gobierno en el México al que Trump, en su toma de posesión, de inmediato comenzó a minar, tal como lo había venido anunciando de manera continua, tal como se lo permitían los hombres del poder en México, sobre todo Peña Nieto y Videgaray, causantes del mayor desasosiego en México desde la Revolución Mexicana que fue convocada en 1910, del máximo enojo social, del encabronamiento generalizado que caracterizaba esos días invernales en que intentaba consolidarse una especie de «primavera mexicana».

El muro de la discordia, la «unidad nacional», las amenazas

Apenas tomó el poder Donald Trump en Washington, el 20 de enero de 2017, arrancó el maratón de agresiones contra México. Todo estaba más que anunciado, pero no parecieron preparados para enfrentar ese huracán político ni el ocupante de la silla presidencial, Peña Nieto, ni su reivindicado cerebro político sustituto, Luis Videgaray, a quien había vuelto a nombrar secretario, esta vez de Relaciones Exteriores (una especie de canciller de Troya) por la misma razón por la que había salido de la secretaría de Hacienda, es decir, por su dependiente relación con el yerno de Trump, Jared Kushner, asesor de la nueva presidencia estadunidense.

Trump, para México, y específicamente para Peña Nieto, resultó peor de lo que parecía (y vaya que pintaba mal). Atropelló al desvalido detentador del poder mexicano, lo zarandeó de diversas maneras y exhibió desvencijado a todo el aparato político mexicano, que siguió tocando sus mismos sones cansinos ante las nuevas tonadas guerreras del botarate gringo, pasmada la Presidencia de la República, diluidos y demagogos casi todos los personajes partidistas, legislativos y gubernamentales. A los varios motivos trepidantes de enojo contra Peña Nieto y sus políticas (sobre todo, lo relacionado con el gasolinazo, que seguía provocando manifestaciones enérgicas en varias partes del país, encabronamiento que se había mantenido incombustible) se sumó la vergüenza de ver el maltrato gringo a la máxima figura formal del tablero institucional mexicano y la poca entereza de esta para responder a los agravios recibidos. No solo fue la insolencia del multimillonario rubio en el tema del muro fronterizo, que por sus puras pistolas ha pretendido que pague México, ni la patada tuitera en el trasero que propinó al habitante de Los Pinos una mañana en que advirtió que, si no era para hablar sobre la forma de pago de dicha construcción, mejor se cancelara la cita concertada con Peña Nieto (como así sucedió), sino la limitada capacidad de respuesta política decorosa del mexicano y su equipo.

En esos días aciagos de enero y febrero de 2017, Peña Nieto fue exhibido, pero no solo él sino el país entero, reflejado en y condicionado por ese poder sin poder, por esa precariedad política. Trump maltrataba a Peña, es decir, a México, porque el político priista no tenía ningún sustento de legitimidad ni fuerza popular o intelectual, sino una larga cola que pisar y una debilidad política extrema. Era el representante de un sistema oprobioso, indefendible, decadente, con el país convertido en la cueva de Alí Babá y sus gobernadores, casi todos hinchados de dinero robado, verdugos de sus presuntos gobernados, a la vez que gran parte del gabinete federal y su jefe seguían alegremente metidos en negocios comisionables, en la adquisición de porcentajes amables en las concesiones y los contratos, en la rapiña como sistema.

Por eso Trump le podía hablar con insolencia al presunto presidente de ese país doblegable, amenazarlo con impuestos fronterizos o con retener porciones de las remesas de trabajadores mexicanos en Estados Unidos que envían a sus familias en México. Peña se defendía infantilmente con «mensajes a la nación», en espera de sobrellevar la crisis mediante la política del avestruz, deseando, por ejemplo, que no se potenciara el escándalo de corrupción internacional derivado del señalamiento de que la firma brasileña Odebrecht había pagado 10.5 millones de dólares, entre 2010 y 2014, a funcionarios mexicanos de alto nivel, según el expediente disponible en la Corte Federal de Brooklyn, Nueva York. («Odebrecht pagó 10.5 mdd en sobornos a funcionarios mexicanos, según EU», *Expansión*, 22/12/2016).

La conmoción desencadenada en México por Trump (quien disparaba políticamente a diestra y siniestra, provocando grandes manifestaciones y protestas en su propio territorio, como sucedió, por ejemplo, al ordenar que se impidiera la entrada a migrantes provenientes de siete países de población mayoritariamente musulmana) pretendió ser convertida por el propio peñismo y sus aliados, en una especie de reunificación nacional patriotera, más que patriótica, en un señuelo distractor que permitiera la continuidad de la depredación del país desde las cúpulas.

Así fue que se promovió el uso, en cuentas de redes sociales, de la bandera nacional, y así fue que los altos funcionarios del gobierno federal no prefirieron la clásica versión rectangular de ese símbolo sino una adaptación en círculo, que claramente hacía recordar el escudo oficial del Partido Revolucionario Institucional, susceptible de ser cruzado en toda elección. La urgencia de intentar el Rescate del soldado Enrique (Peña) propició que en la televisora usualmente más cercana al ocupante de Los Pinos, Televisa, se organizara una muy preocupada mesa nocturna de análisis, en la que participaron sus periodistas estelares (Denise Maerker, Joaquín López-Dóriga y Carlos Loret de Mola), con algunos de sus comentaristas frecuentes (Jorge Castañeda, Enrique Krauze, Héctor Aguilar Camín y Rubén Aguilar) y con participaciones telefónicas de dirigentes empresariales, eclesiásticos y partidistas decididos a impulsar la tesis de la unidad nacional, que proclamaban absolutamente necesaria para enfrentar al ogro de afuera, a un Trump satanizado como si él fuera la única causa, o la más eficaz, de la descomposición nacional mexicana. («México en la encrucijada; ¿cómo se debe posicionar México frente a Trump?», *Noticieros Televisa*, 27/1/2017).

Pero el mazazo de Trump a México, en el contexto de su búsqueda de instaurar un nuevo orden internacional, con nuestro país como ejemplar víctima propiciatoria, y el fracaso de las reformas estratégicas de Peña (sobre todo, la energética) y de su gobierno, habían instalado ya, a finales de enero y principios de febrero de 2017, una conciencia social menos incauta y manejable, más precisa en cuanto al oscurecido futuro económico, recelosa de gobernantes evidentemente mentirosos y corruptos, y decidida a impulsar formas de defensa y unidad nacionales, pero no a partir de las propuestas tramposas hechas por muchos de quienes eran causantes o corresponsables, desde las cúpulas, de la desgracia del país. Por si hubiera necesidad de confirmar a los mexicanos el difícil ensamblaje de esa «unidad nacional», en el fondo orientada a «fortalecer» al «presidente de la República», Peña Nieto nombró en esos días a Virgilio Andrade Martínez como titular de uno de los bancos estatales de desarrollo; el mismo Andrade que había sido usado de manera estrambótica para declarar válido el tan anómalo proceso de adquisición de la Casa Blanca por parte de la esposa de Peña: premiar a un cómplice tan evidente de la corrupción en la máxima altura del poder no era una forma de incentivar la buscada «unidad nacional». («Hacienda designa a tres directores de banca de desarrollo», Roberto González Amador, *La Jornada*, 27/1/2017).

La poca disposición general para apoyar indirectamente a Peña se topó el miércoles 1 de febrero con otra causa de desaliento. Un revuelo de medios y filtraciones dejó la percepción de que el político mexicano era incapaz de presentar una postura digna y decorosa ante ofensas y amagos del empresario estadunidense. En una llamada telefónica posterior a la cancelación de una cita para verse físicamente en Washington, Trump habría sido especialmente grosero con Peña, al extremo de plantear, con dureza o suavidad, según las diversas versiones disponibles, la posibilidad de enviar tropas a México para exterminar a los «*bad* hombres» (se supone que se refería a los narcotraficantes) que el propio gobierno mexicano no combatía adecuadamente. («Trump humilló a Peña vía telefónica», reporte de Dolia Estévez, *Aristegui Noticias*, 1/2/2017. «*Trump to Mexico: take care of "bad* hombres" *or US might*», Vivian Salama, AP, 1/2/2017).

El muro interno

Pero, más que las acometidas externas, siendo tan graves, lo fundamental estaba en lo interno. No era solo un muro punitivo que el disparatado nuevo presidente gringo pretendiera construir con cargo a nuestro país, sino el muro interno que los mexicanos hemos mantenido y que nos ha impedido crecimiento, desarrollo, sustentabilidad. Un muro interno, con cargo a nosotros mismos, que nos condena criminalmente a vivir en estancos socioeconómicos tan polarizados. Un muro interno que a la letra legal la ha separado de su aplicación práctica y que ha condenado a los mexicanos a vivir «del otro lado» de su propio país, observadores distantes de lo que hacen y deciden las cúpulas.

La ruptura del muro interno, el desmantelamiento de un estado histórico de conciencia manipulada y manipulable, el tránsito acelerado y forzado de la institucionalidad tutelar al nuevo orden internacional impuesto (descarnadamente competitivo, angustiosamente incierto), es una de las grandes posibilidades derivadas de la crisis en curso. México vivió durante décadas al cómodo amparo de fuentes de ingreso que permitieron excesos corruptos de las cúpulas y una cierta resignación inconfesa en las bases sociales: el petróleo, las remesas y el narcotráfico. Sin embargo, así como durante décadas en México fueron intocables en términos críticos la Virgen de Guadalupe, el presidente de la República en turno y el Ejército (todo lo cual ahora puede ser sujeto del más firme escrutinio), también la trinidad suministradora de «estabilidad» económica ha llegado a circunstancias conflictivas: el petróleo y la riqueza energética fueron devueltos al control de las transnacionales, en una suerte de desexpropiación petrolera que coloca a Peña Nieto en la antítesis de Lázaro Cárdenas y en el camino de los peores villanos de la historia; el gran negocio del narcotráfico y el crimen organizado están en la mira del vecino estadunidense, que no pretende la imposible cancelación del flujo de un río tóxico, sino administrarlo para bien de sus propias arcas; y las remesas de los paisanos para sus familias en México (los remitentes, asentados con regularidad documental o sin ella en el país adjunto), también en la mira del nuevo mundo rapaz, según los violentos bocetos de Donald Trump.

Todo está cambiando en la nación mexicana, acostumbrada al gatopardismo expiatorio, aunque esa ruta no necesariamente la habrá de conducir a resultados positivos. No puede vaticinarse que la protesta social, coyunturalmente más fuerte y organizada en los primeros meses de 2017, vaya a cambiar de fondo la realidad de un país doctoralmente acostumbrado a las simulaciones. En dicho rediseño es fácil perderse o decepcionarse. Lanzado de súbito a las aguas turbulentas en las que debe tomar decisiones sin mecanismos de protección garantizada, el ciudadano mexicano debe ubicar las causas de su hartazgo y el destino posible de su encabronado estado de ánimo, cada vez más manifiesto y militante. Los placebos clásicos de representación popular no han funcionado y el tejido político institucional está en trance terminal. Pareciera que la cartelera oficial sostenida durante un siglo ha llegado a su fin, pero no asoma la programación sustituta y los aspirantes a los relevos no parecen promotores de verdaderos cambios de fondo.

En ese mar de indefiniciones, urgidas de resolución, se debate el México en proceso de un posible despertar socialmente más amplio. Durante largas décadas ha navegado conforme las aguas lo han permitido o en el sentido en que los vientos han empujado. Los factores externos, pero también los internos, reclaman acción transformadora. La encrucijada es indudablemente histórica, pues largo tiempo habrá de vivir esta nación, tan potencial, bajo el resultado de lo que está en juego, un despertar rehabilitador o un hundimiento traumático.

Por ello es que los dos temas tocados en esta primera parte constituyen a la vez la esperanza y el quebranto, la ilusión y el desconsuelo. La vigorosa y sostenida protesta ante el aumento en los precios de las gasolinas parece romper con un largo historial de sometimiento ciudadano, pero al mismo tiempo corre el riesgo de quedar en una explosión circunstancial y mitigable. A su vez, el amago y la desmesura de Trump contra México, más allá de su insignia políticamente baldada, Peña Nieto, pueden llevar al país a una reedición de su pasado colonial, convertible en los hechos en otro Estado Libre Asociado (como Puerto Rico), o puede significar la recuperación de un orgullo nacional reconstructivo, que libere el enorme potencial de la sociedad y permita el trazo de nuevas líneas para un sistema político, económico y social, moderno y solidario.

SEGUNDA PARTE

Irritante, la recepción a Trump; vacío,
el cuarto informe presidencial;
falsos, los diálogos

Con Trump, el ridículo imperdonable

En 48 horas, Enrique Peña Nieto se incineró políticamente y transformó en un franco y sonoro encabronamiento generalizado lo que hasta entonces había sido una persistente irritación social grave. El material combustible que había acumulado a lo largo de 45 meses de ejercicio gubernamental (lapso durante el cual sus resultados objetivos fluctuaron entre lo malo y lo pésimo, acompañados con cierta frecuencia de ribetes grotescos) fue suficiente para encender un fuego de enojo masivo en el curso de dos vertiginosos días, durante los cuales el presunto emperador sexenal caminó desnudo entre sus propias creaciones políticas de ignominia, que lo mostraron en su extrema vulnerabilidad e ineptitud.

El miércoles 31 de agosto de 2016, el periódico *La Jornada* informaba que, después de que el diario *The Washington Post* había dado a conocer que Trump realizaría una visita relámpago a la Ciudad de México para reunirse con Peña Nieto, la Presidencia de la República publicaba dos mensajes en su cuenta de Twitter en los que informaba de dicha visita. Minutos más tarde, el propio Peña Nieto escribió en la red social: «Creo en el diálogo para promover los intereses de México en el mundo y, principalmente, para proteger a los mexicanos dondequiera que estén» e «Invité a México a los candidatos a la Presidencia de EU, para conversar sobre la relación bilateral. Mañana recibo a Donald Trump».

Todo lo que los mexicanos sabían muy bien pero temían o no querían confirmar, o denunciaban y combatían sin lograr exhibir a plenitud y con amplitud, se condensó en las horas que transcurrieron entre las noches del martes 30 de agosto de 2016 y el jueves primero de septiembre del mismo año. En ese breve periodo Peña Nieto ofendió gravemente a sus presuntos representados al recibir en la casa presidencial de Los Pinos a Donald Trump, el facineroso candidato republicano de Estados Unidos que durante meses había fincado su campaña de proselitismo en insultar con saña a los mexicanos y en prometer la construcción de un muro fronterizo cuyo costo impondría a México.

Además de potenciar a ese candidato nefasto, legitimar su discurso antimexicano y darle marco de poderío (virtualmente, de jefe de Estado) a unas horas de que anunciara en Arizona su plan migratorio y se siguiera burlando de México, de los mexicanos y de su «presidente», Peña Nieto sepultó en esas 48 horas cualquier expectativa razonable de que su informe anual de actividades tuviera algo importante y valioso, cerrando la tanda de degradación a través de un diálogo con 300 jóvenes en el marco de su cuarto informe de gobierno. Con este encuentro quedó confirmada la vocación tramposa de su gobierno.

La recepción a Trump, el 31 de agosto, podría ser calificada como el máximo error del cuatrienio y significó para muchos la titulación con deshonores de Peña Nieto como el peor ocupante de la silla presidencial mexicana desde los tiempos históricamente polémicos del general Antonio López de Santa Anna, quien ejerció la Presidencia de la República durante varios periodos comprendidos entre 1833 y 1855, y a cuyas pifias como militar y político suele atribuirse, de forma simplificada, la pérdida de la mitad del territorio nacional a manos del expansionismo vecino. De golpe, también Peña Nieto desplazó a Carlos Salinas de Gortari del sitial de «villano favorito» de la historia reciente que desde 1994 se le había adjudicado.

Al convertirse en una especie de tapete político para recibir a Trump, y quedar indecorosamente exhibido en los planos nacional («Trump, una visita desastrosa para México», Isidro Morales, *Reforma*, 4/9/2016) e internacional, alcanzando altas marcas en cuanto a lo ridículo y lo ingenuo (para referirnos a esta falta de malicia, los mexicanos solemos utilizar una palabra más contundente), Peña Nieto se endilgó a sí mismo las cargas de repudio al mencionado Trump y quedó exhibido como un imperito manejador de los hilos del poder mexicano, en un lance de autoflagelación que confirmó a los ciudadanos los graves riesgos que el interés nacional corre cuando en la cumbre del poder está un personaje ignorante, caprichoso y torpe.

(El 3 de septiembre, así tuiteó Joaquín Cosío, poeta y actor, cuyo personaje más conocido es El Cochiloco, en la película El infierno, *de Luis Estrada: «@cosio_joaquin Hemos tenido presidentes ladrones y asesinos pero nunca habíamos tenido un presidente tan pendejo...»)*.

Ya el respetable público estaba más o menos acostumbrado a que el habitante de Los Pinos ofreciera espectáculos deplorables. A veces, un olvido risible; en ocasiones, el cambio de nombre a estados, ciudades, personajes, instituciones u obras literarias y artísticas, siempre con el antecedente fundacional de la incapacidad que tuvo, en una conferencia que dio en una feria literaria, para mencionar tres libros que hubieran marcado su vida.

A finales de junio de 2016, en Ottawa, Canadá, donde se había realizado la Cumbre de Norteamérica de los dirigentes de Estados

Unidos, México y el país anfitrión, un video oficial que circuló en redes sociales lo mostraba como personaje de programas cómicos. Tomada la fotografía oficial de clausura de dicho encuentro, los tres personajes debían bajar del tapanco en el que habían cumplido con sus deberes de pose. El estadunidense Barack Obama y el canadiense Justin Trudeau invitaron al mexicano Peña Nieto a que fuera el primero en salir de escena. El oriundo del Estado de México bajó con aire complacido, pero en una fracción de segundo sus colegas decidieron quedarse en lo alto, para contemplar el panorama a sus espaldas, sin dar siquiera un aviso a Peña Nieto ni convidarlo a que se incorporara a dicha contemplación; grandes amigos esos dos, Obama y Trudeau, hablando y entendiéndose con soltura, mientras el mexicano tuvo que regresar al mencionado tapanco con rapidez y con poco decoro (en la grabación oficial se escuchó la risa de alguno de los presentes), para colocarse a un lado de los dos amigos norteamericanos que platicaban con absoluta ignorancia de la presencia del mexicano monolingüe, significativamente marginado, desatendido, casi inexistente.

Minutos antes, a la hora de la fotografía oficial, Obama y Trudeau habían estrechado sus diestras como impone la ortodoxia, mientras trataban de acomodar las manos no ocupadas para también saludar al mexicano, aunque fuera de manera heterodoxa, susceptible de ser cumplida de cualquier modo. En el tribunal popular instantáneo en que se ha convertido Twitter, algún tecleador ocurrente postuló la etiqueta #Chespeñito, comparando los incidentes del detentador del poder presidencial mexicano con las desventuras cómicas del personaje creado por Roberto Gómez Bolaños, *Chespirito*.

(Así surgió el 26 de junio la primera mención en Twitter, a cargo de un tal @julioastillero: «Hoy, 9:30 PM, el Periscopeo Astillado: #ChesPeñito en #Ottawa; Los 400 Duartes contra #Yunes y el «diálogo» como coartada vs. #sección22»).

Pero nada pudo compararse con el sentimiento de vergüenza y humillación que a los mexicanos provocó Peña Nieto al anunciarse en la noche del martes 30 de agosto que Donald Trump, el grandísimo ofensor, había sido invitado oficialmente por Los Pinos a visitar México. Creyendo jugar a la alta política, moviendo hilos y botones sin saber lo que podría resultar de tales acciones, el equipo de Peña Nieto, con el secretario de Hacienda, Luis Videgaray, como operador en jefe, había desarrollado una «diplomacia» discreta para invitar a los dos candidatos presidenciales estadunidenses a viajar a México para entrevistarse con el mexicano, al que quedaban dos años y tres meses en el poder. Trump reaccionó con una rapidez implacable: la carta de invitación fue entregada un viernes y él ya estaba en la noche del martes anunciando a un diario estadunidense que al siguiente día viajaría a México para entrevistarse con Peña Nieto (cuya agenda no fue consultada ni su aprobación pedida).

Trump impuso el día y la hora en que vendría, reveló a su conveniencia ciertos términos de su plática privada con el mexicano, le dijo a este en su cara y en su casa que el proyecto del muro fronterizo seguía adelante, aunque el punto de quién pagaría el costo de la construcción se dejaba para pláticas posteriores, según aclaró el propio Donald durante la conferencia de prensa después del encuentro (*BBC Mundo*, 31/8/2016). De este modo, lo que debía ser una presentación de discursos de ambas partes, se convirtió en una conferencia de prensa para él (con pocas preguntas extranjeras, que seleccionó); luego, concedió la palabra al avasallado anfitrión para que este diera un último mensaje, en el que Peña no tuvo los arrestos para contradecir las referencias groseras de Trump a la construcción del mentado muro, y, finalmente, el orondo empresario montó en su avión para ir a Arizona a pronunciar un discurso de reiteración agresiva contra los migrantes mexicanos y contra México, en tonos burlones, retadores y triunfalistas, y contra el pasmado anfitrión de horas antes, al que hizo saber mediante un tuit que el muro de la discordia sería pagado por los mexicanos, aunque «ellos todavía no lo saben».

(Así tuiteó el 31 de agosto Miguel Basáñez Ebergenyi, quien fue embajador de México en Estados Unidos durante siete meses, amigo de años atrás de Peña Nieto: «@mbasanez Nadie como #Trump ha puesto en tal nivel de peligro la relación de México y EEUU en los últimos 50 años. Lamento profundamente la invitación»).

El desastre que dejó en México el exitoso negociante inmobiliario no tiene precedentes. Vino, vio y venció. Obviamente, no ofreció ningún tipo de disculpas por sus frases injuriosas de campaña (lo más que concedió fue decir que los mexicanos son «espectaculares» y de «buen corazón») y sí, en cambio, se benefició extraordinariamente del regalo que le entregó Peña, al recibirlo casi como jefe de Estado en el corazón político del país agraviado, sin escuchar ni un asomo de crítica o réplica a sus planes y palabras ultrajantes y dando por presentado, en casa del anfitrión, y en vías de aprobación, el plan de albañilería con tecnología de punta que pretende regular el paso de mexicanos y centroamericanos a Estados Unidos.

(El 3 de septiembre así tuiteó Guillermo del Toro, novelista, cineasta con reconocimiento internacional, acompañando sus letras con la fotografía de Peña Nieto estrechando, con media sonrisa, la diestra de Trump: «@RealGDT Lo impensable. Lo imperdonable. Lo imposible. El abismo». En otro tuit: «Probablemente desde que la Malinche saludó a Cortés no habíamos visto un encuentro tan erróneo»).

Por más que Peña quiso defenderse mediante un tuit posterior al encuentro con Trump, en el que aseguró que en la plática privada con el republicano le había dejado claro que México no pagaría el muro, la oleada de repudio al mexiquense fue impresionante.

Era inconcebible que el modoso Peña Nieto hubiera leído ante Trump un discurso insulso, timorato, escudado en ciertos datos económicos y una referencia, sin destinatario específicamente mencionado, de que él defendería a los mexicanos dondequiera que estuvieran. Y el silencio, el terrible silencio al final de los discursos y de las respuestas de Trump a unas cuantas preguntas periodísticas, cuando Peña no tuvo los tamaños para precisar la postura mexicana ante la mención directa del empresario estadunidense respecto al muro fronterizo.

Fue un problema de salud mental, cuando menos en el plano político. Una demostración de la manera arbitraria, deshilachada, caprichosa e irresponsable que se utiliza para la toma de decisiones en el máximo puesto de mando nacional. Sometido y empequeñecido, lamentablemente inepto, Peña Nieto recibió en la casa presidencial de Los Pinos, con virtual alfombra roja política, al candidato republicano Donald Trump, quien a lo largo de su búsqueda de la postulación a la Presidencia de Estados Unidos se dedicó a encajar insultos fascistoides contra los mexicanos, a quienes señalaba como criminales, violadores y merecedores de expulsión inmediata del presunto paraíso vecino, para ser reinstalados en los horrores de un México deplorable.

(El 4 de octubre, Alejandro González Iñárritu, uno de los mejores directores de cine del mundo, escribió, en la versión para América del diario español El País, *un artículo ampliamente difundido en Facebook y Twitter, de donde se tomó la cita: «Tras este acto y como ciudadano mexicano, Enrique Peña Nieto no me representa más. No puedo aceptar como representante a un gobernante que en lugar de defender y dignificar a sus compatriotas, sea él mismo quien los denigra y pone en riesgo al invitar a alguien que como él, no es digno de representar a ningún país»).*

El informe anual de actividades: vacuo, sin sentido

Al siguiente día de este episodio amargo, doloroso, con sabor histórico a traición a la patria, Peña Nieto entregó al Congreso de la Unión su informe anual de actividades, tan insulso que ni siquiera los medios de comunicación más oficialistas encontraron algún dato o veta utilizable para darle cierta magnitud artificial a la «obra de gobierno» de ese periodo. Fue la primera ocasión, en largas décadas de exaltación de la figura presidencial a propósito de los tales «informes», en que ese reporte oficial pareció pasar de noche, sin nada de relevancia detectable más allá de la infame campaña propagandística de cifras, datos, voces alegres y mensajes «positivos».

La frase utilizada en los anuncios gubernamentales del cuarto informe era, en sí, una confesión de apabullamiento, de intrascendencia desde la cual se pretendía levantar una voz de ánimo: «Lo bueno casi no se cuenta, pero cuenta mucho». Los Pinos reconocía, así, que sus presuntas buenas noticias no tenían reproducción, resonancia ni arraigo entre los mexicanos, los cuales desconfiaban de sus autoridades y menospreciaban su palabrería de presunto éxito. («Ya sé que no aplauden», había dicho Peña Nieto a reporteros en febrero de 2015, al anunciar la designación de un patiño, Virgilio Andrade, como investigador de acusaciones de corrupción contra el propio Peña Nieto, su esposa y su secretario de Hacienda). Casi nadie creía en las «buenas cuentas» del gobierno de Peña Nieto que, por lo demás, había caído a trágicos niveles de impopularidad, convencida la gran mayoría ciudadana de que el exgobernador del Estado de México estaba haciendo un papel entre malo y muy malo al frente del mando nacional. («Virgilio Andrade, secretario de la Función Pública», *El Economista*, 3/2/2015).

Durante décadas, septiembre se había considerado «el mes del presidente» en México. El primer día de este mes, los presidentes mexicanos rendían su informe anual de actividades ante el Congreso de la Unión, reunido en sesión cuya solemnidad solía ser interrumpida por aplausos clamorosos de la mayoría de los asistentes cuando el gobernante en turno pronunciaba ciertos pasajes discursivos que merecían ese premio, igualmente demagógico, de palmas sonoras. Además de los diputados y los senadores, asistían (y aplaudían) miembros del gabinete y los representantes de las élites partidistas, empresariales, militares, clericales y la familia del gobernante en turno. Al final, el presidente pronunciaba un «mensaje político» que se analizaba con sobreactuada vocación adivinatoria, para tratar de encontrar el «significado» de ciertas palabras, giros o gestos del monarca temporal.

En los días subsecuentes, medios de comunicación, políticos y opinantes oficialistas se desvivían por destacar los puntos relevantes del informe del jefe. Eran usuales las frases que remarcaban que ciertos logros eran impresionantes, que algo se había hecho «por primera vez en la historia», que se habían superado las expectativas y que el informe en cuestión era «realista» y sumamente plausible. El juego de la oposición (la oposición de juguete), al hacer «críticas» a lo informado, servía para dar marco a más respuestas triunfalistas desde el flanco gubernamental y, a fin de cuentas, el desfile de datos, cifras, cuadros comparativos y palabrería épica permitía que los mexicanos que así lo desearan pudieran quedarse con la impresión de que algo bueno se hacía en el país, como lo demostraban esos informes deificados.

En 2016, a Peña Nieto ni la simulación ni el control mediático le daban para tanto. Su gabinete estaba dedicado a la dulce degustación presupuestal, a los negocios a comisión, a la retórica insostenible e incluso a desentenderse de la propia figura política de un «presidente» tan enredado en tantos problemas que sus subordinados preferían dejarlo solo, concentrados ya varios de esos secretarios y directores en las apuestas futuristas, dando por terminada la vigencia política del mexiquense a quien le restaban dos años y tres meses cuando sucedió la tragedia de la visita de Trump.

La conducta perniciosa de Peña Nieto, que en ese 2016 tenía a tanta gente encabronada, de alguna forma también era la suma de las conductas y obras de los miembros de su gabinete, que cada cual en su área mantenía en el abandono los asuntos públicos, sobrellevados solo para cumplir en lo mínimo y, en lo posible, dejarlos a quienes en su momento llegaran a tomar la estafeta corroída.

Diálogo con jóvenes, casi un programa de telerrealidad al estilo «señorita Laura»

La noche del 1 de septiembre, ya para cerrar las 48 horas de oprobio, Peña Nieto acabó ofendiendo a la juventud del país y la inteligencia de los mexicanos en general, al montar un presunto diálogo con jóvenes en Palacio Nacional, un foro controlado, manipulado, que más pareció un programa de telerrealidad (en inglés, *reality show*), al estilo deplorable de la presentadora de suciedades actuadas en televisión, Laura Bozzo, llamada por su público «señorita Laura».

El «señorito Enrique» dijo que respondería a preguntas libres que le serían presentadas por jóvenes de todo el país, 367 de los cuales estuvieron en el foro en supuesta representación de sus coetáneos: según la página de Internet de la Presidencia de la República, los asistentes fueron invitados debido a que son «protagonistas del desarrollo de sus comunidades» y «destacan por su esfuerzo y dedicación diaria», pero sin explicar el criterio utilizado para llevar a esos «protagonistas» y no a otros. Conforme pasaron los días se fue conociendo que la mayoría de ellos estaban afiliados al PRI o eran beneficiarios de los programas de apoyo gubernamental (*Proceso*, 1/9/2016).

Algunos de los cuestionamientos fueron enviados por Facebook (unos 3,800 mensajes, según la información oficial) y se habrían seleccionado los que tuvieron más aprobación mediante el sistema de «Me gusta» (*Like*), método cibernético siempre susceptible de la acción de los llamados «peñabots» que, según revela el estudio realizado por el periodista Daniel Pensamiento y el ingeniero en mecatrónica, Abel Jonathan Espinosa, son parte del esquema de manejo de cuentas que la funcionaria Alejandra Lagunes Soto Ruiz mantiene en Internet para apoyar acciones de gobierno, desacreditar y emproblemar a críticos y promover o tumbar tendencias destacadas (los *trending topics*). Lagunes es Coordinadora Nacional de Estrategia Digital de Los Pinos y esposa del secretario federal de Medio Ambiente y Recursos Naturales, Rafael Pacchiano, de quien fue suplente cuando este fue diputado federal a nombre del Partido Verde Ecologista de México. («Acumula EPN 82 millones de críticas en redes sociales entre enero-septiembre», Daniel Pensamiento y Abel Espinosa, *InsurgentePress*, 13/9/2016).

Otras inquietudes fueron planteadas en vivo por aquellos jóvenes cuyos nombres se escogieron al azar de una urna transparente con papeletas.

La sospecha de que todo era un fingimiento armado para darle a Peña Nieto un foro a modo se fortaleció desde el primer minuto de la transmisión televisada. Sonriente, dominando la situación, el político priista enfrentó el primer cuestionamiento de la noche: Juan Luis López Alcocer, proveniente de Campeche (estado bajo gobierno de un priista prototípico, Alejandro Moreno Cárdenas, llamado *Alito*, de 41 años de edad, especializado en la política de simulación), arrojó a Peña Nieto la primera interrogación candente, pendenciera, que marcaría el tono del encuentro: «Antes que nada, quiero darle las gracias porque, gracias a usted tenemos prácticamente todo. Lo que yo quería preguntarle, en el transcurso de estos cuatro años que usted ha estado, ha hecho muchas mejoras a nuestro país. Me gustaría saber qué buenas noticias más nos tiene en mejoras de nuestro país» (*sic*).

La segunda pregunta fue hecha por alguien del mismo Campeche de gobierno tan priista, lo que llevó a Peña Nieto a instruir a quien moderaba la sesión, el profesor universitario y conductor de programas en radio y televisión, Ezra Shabot: «Hay que darle más vuelta, entonces: puro Campeche» (se refería el encopetado instructor a revolver las boletas, un poco más, en el recipiente donde estaban los nombres de los aspirantes a preguntar). Enseguida, Sandra Patricia Cámara Tullín se lanzó a preguntar o comentar, con igual fiereza generacional: «A mí me gustaría saber cuál es su opinión acerca del progreso que ha tenido el Programa de Prospera para nosotros los estudiantes». ¡Seco, duro y a la cabeza: la juventud crítica enfrentando el poder presidencial!

En el foro había abundancia de trajes, corbatas, cabellos varoniles cortos y bien peinados, vestimentas femeninas y masculinas sin excesos a la vista, con policías, marinos y soldados en uniforme, y deportistas premiados en los Juegos Olímpicos de Río de Janeiro que recién se habían realizado. Ambiente de recato, comportamiento educado (o, más bien, disciplinado), nada de tatuajes o perforaciones en orejas o narices, todo bajo control y, al final de cada intervención de Peña Nieto, como si en la producción de un programa televisivo hubiera letreros luminosos que indicaran «Aplausos», se desgranaba el batir de palmas juveniles. De los participantes en vivo, la mayoría provino de estados con gobiernos priistas: tres de Hidalgo, dos de Campeche y, con un representante cada cual, Estado de México, Guerrero y Tamaulipas. De lugares gobernados por opositores formales al PRI, pero amablemente ligados a Los Pinos, hubo sendos representantes de Nuevo León, Oaxaca y la Ciudad de México. Además, un teniente de corbeta de la Secretaría de Marina.

La planicie complaciente tuvo un pequeño sobresalto justo al final, cuando uno de los asistentes se puso de pie y pidió la palabra. José Ramón Guardiola, de 22 años y egresado de la UNAM, le dijo al máximo funcionario público del país: «Llevamos dos terceras partes de este sexenio y la credibilidad, la popularidad de la administración es bajísima, increíblemente baja. Pareciera que no podríamos molestarnos más o creer menos, pero semana con semana nos sorprendemos de que lo logramos. Y esta molestia que sigue creciendo, pues puede tener repercusiones».

Además de rociarlo con palabrería de autocomplacencia, Peña Nieto mandó al joven Guardiola (quien había pedido que no se le diera una respuesta «coreografiada») a revisar el video de logros y éxitos presidenciales con que había iniciado el encuentro, y a buscar la página de Internet de la Presidencia de la República para que leyera el informe del cuarto año de gobierno. («Es innegable que ahí están las cifras, ahí están las obras, ahí están los testimoniales», dijo Peña en una parte de su respuesta).

Esos jóvenes (reclutados en forma de falso diálogo para reproducir la visión y la versión del gobierno sobre sí mismo) no consideraron necesario preguntarle a Peña Nieto sobre otros 43 jóvenes, estudiantes de la Normal de Ayotzinapa, que fueron desaparecidos en Iguala. Tampoco parecieron estar interesados en plantear algún otro de los temas delicados de la caótica realidad nacional, ni de la adquisición, cuando menos tramposa, de una mansión bautizada popularmente como la Casa Blanca. Esa noche de jueves, un día después de la humillación de recibir a Donald Trump, y el mismo día en cuya tarde se había entregado un «informe» virtualmente abducido por el mal ambiente nacional, Peña Nieto, en la simulación del diálogo con jóvenes, acabó de confirmar la extendida percepción de que en lo alto del poder político mexicano reinaban la mentira, el cinismo y las malas hechuras.

Enojo al ver humillado, por un gringo, al presidencialismo fallido

El muy fuerte rechazo a la forma en que Peña Nieto y Luis Videgaray manejaron el tema de la visita de Trump (se menciona al secretario de Hacienda y Crédito Público porque fue el ideólogo y operador de Peña Nieto, no solo en este asunto relacionado con la política estadunidense), condensa la percepción creciente de que el sistema político mexicano ha dejado de ser viable, que los problemas políticos no tienen salida válida y perdurable conforme a las reglas actuales de procesamiento de esos conflictos, y que urge mucho más que las elecciones programadas para 2018 o el señuelo de una nueva reforma electoral que previsiblemente sería del talante de las anteriores, hechas a la medida del sistema, para su continuidad con nuevas caretas. («Luis Videgaray, la mano derecha que redactó las reformas», Sonia Corona, *El País*, 7/9/2016). Es decir, urge un replanteamiento profundo de las formas de representación popular y de ejercicio de los poderes, no solo del ejecutivo, tan ajado, sino también del legislativo y el judicial, además de los organismos «autónomos», que en los hechos han sido sometidos a los designios del presidencialismo fallido.

El ánimo social ha pasado con mucha rapidez del enojo al abierto encabronamiento, rebasando ciertos límites, más o menos respetados durante años, hasta llegar al insulto y la ofensa a las autoridades, y en especial a quien ocupa la Presidencia de la República. Hay una acumulación de agravios a la sociedad que van conformando un ambiente susceptible de explosión, mientras la clase política tradicional, quienes están en el poder y quienes ejercen la oposición «solidaria» con el régimen, continúan practicando las malas trampas habituales para tratar de conjurar la ebullición social en su contra.

Por ejemplo, el episodio Trump-Peña tuvo como antecedente, de apariencia menor, el que apenas unos días atrás el orgullo nacional sufrió otro golpe seco, al transcurrir los días en Río de Janeiro sin que la delegación mexicana a los Juegos Olímpicos consiguiera una sola medalla. La molestia era mayor porque el titular de la Comisión Nacional de Cultura Física y Deporte (Conade), Alfredo Castillo Cervantes, había aparecido en fotografías tomadas en Brasil en compañía de su novia, ataviada incluso con el uniforme oficial del grupo de competidores enviado a

América del Sur, en escenas de ligereza que contrastaban con las penurias materiales de los atletas, algunos de los cuales salieron a escena sin la vestimenta oficial (que no llegó a tiempo o no fue de su talla) y debieron improvisar con prendas de su propiedad, a las que colocaron parches en las zonas de anuncios comerciales para no darles publicidad punible. («Alfredo Castillo pasea con su novia en Río», *SinEmbargo*, 10/8/2016. «Alfredo Castillo, de "paseo romántico" en Río», Jocelin Flores, *Récord*, 8/9/2016).

A muy pocos sorprendería en México saber que los recursos públicos son utilizados para fines personales de los funcionarios. En marzo de 2015, por ejemplo, se difundieron en redes sociales unas cuantas fotografías que demostraban que el director de la Comisión Nacional del Agua (Conagua), David Korenfeld Federman (amigo de Peña Nieto, durante cuyo gobierno en el Estado de México fue secretario de Agua y Obra Pública), había utilizado un helicóptero oficial para trasladarse, junto con su esposa e hijos, de su domicilio particular en Huixquilucan, Estado de México, al Aeropuerto Internacional de la Ciudad de México, desde donde volarían a Vail, Colorado, para unas vacaciones familiares.

Pillado de manera irrefutable, Korenfeld Federman tuvo que renunciar al cargo, pagó alguna suma ínfima a título de alquiler de la nave aérea durante el lapso en que la usó para propósitos personales (treta igualmente ofensiva para el interés público: pagar por aquello en lo que se es sorprendido en falta, como si esos bienes del Estado estuviesen disponibles para renta a particulares en caso de descubrirse una pillería) y, a pesar del escándalo y de la posterior detección de abusivos viajes similares, siguió en el buen ánimo de su amigo Enrique y pronto fue visto de nuevo, como invitado especial, en actos públicos encabezados por Peña Nieto. El caso de ese director de Conagua es solo un botón de muestra que pertenece a un enorme catálogo. La mayoría de los funcionarios públicos utilizan recursos públicos para fines personales y las oportunidades laborales en los ámbitos bajo su mando son ocupadas de manera ventajosa por familiares, amigos y allegados.

De hecho, en el caso del mencionado funcionario, Castillo Cervantes, titular de la Conade, podría haber más razones para el enojo social en su contra, pues formó parte del equipo de «procuración de justicia» del Estado de México que ejecutó la gran farsa del hallazgo del cadáver, el 31 de marzo de 2010, de una niña, de nombre Paulette, en un resquicio del colchón de su cama, luego de una intensa «búsqueda», durante días, por desaparición. («Cronología: caso Paulette», *El Economista*, 22/5/2010).

Además, fue comisionado de Peña Nieto para ejercer un gobierno sustituto en Michoacán y es el principal responsable político de que siga en la cárcel el dirigente de las autodefensas de esa entidad, el médico José Manuel Mireles.

Pero la mayor irritación contra Castillo Cervantes fue por los malos resultados deportivos en un escaparate mundial: el deshonor patrio frente a los ojos internacionales; la magra cosecha de medallas (cinco en total; tres de plata y dos de bronce, resultado que colocó a México en la posición 61 de las 78 que integraron el medallero olímpico), si se le compara con el dinero público invertido y con la potencialidad de un país como México. Incapacidad manifiesta de ese amigo y cómplice de Peña Nieto, pues no ha podido poner orden en la mafia de las federaciones deportivas cuyos directivos se han mantenido durante décadas en los cargos, han manipulado conforme a intereses facciosos los aspectos presupuestales y de otorgamiento de oportunidades, y han frenado el desarrollo general del deporte mexicano y sus correspondientes posibilidades de éxito en justas internacionales. («Alfredo Castillo bajo la lupa por resultados en Río 2016», *Expansión*, 15/8/2016).

A contrasentido, el orgullo ante los buenos resultados de un paisano en escenarios nacionales y latinoamericanos se vivió con intensidad en el caso del fallecimiento del cantante y compositor

Alberto Aguilera Valadez, Juan Gabriel, el 28 de agosto de 2016. Ni siquiera la larga y decidida postura del ídolo popular a favor del Partido Revolucionario Institucional significó una merma del fervor colectivo que se generó a partir de su muerte. Aunque pueda parecer exagerado, Juan Gabriel se reveló, ya sin vida, como un factor, aunque fuera solamente cantado, de una forma de unidad nacional. En torno a sus canciones tan conocidas, su manera de interpretarlas y el vuelco armonizado que significó en un país de machismo histórico, hubo un fenómeno de reconocimiento generalizado y de vertebración social fraterna. Lo realmente bueno (a juicio popular), sí cuenta, y mucho.

El «no» de Hillary que exhibió a Videgaray y Peña

El lunes 6 de septiembre de 2016, los medios mexicanos de comunicación difundieron, con acompasada benevolencia, fotografías y notas informativas de una presunta plática entre el presidente estadunidense, Barack Obama, y Enrique Peña Nieto, en China, en el marco de la Cumbre del Grupo de los 20. El mexicano, que habla un inglés elemental y con pésima pronunciación, y quien no se veía en las imágenes con ningún traductor en las inmediaciones, habría explicado a Obama las razones estratégicas y tácticas por las cuales recibió a Donald Trump en México y, en respuesta, habría conseguido una especie de asentimiento o convalidación de parte del mandatario dominante. No dejaba de ser tragicómico que el mencionado político mexicano buscara justificar su patinada casera en un foro económico internacional y ante otro poder al que tácitamente se rendía, el del presidente de Estados Unidos, miembro del Partido Demócrata, adverso al republicano Trump, revitalizado este electoralmente por el grave equívoco de Peña Nieto.

Lo que habría dicho Peña a Obama era, en lo sustancial, lo mismo que había postulado el jueves 1 de septiembre su gerente intelectual, Luis Videgaray Caso, formalmente encargado de la

Secretaría de Hacienda y Crédito Público pero, en los hechos, una especie de vicepresidente ejecutivo, que había comenzado en diciembre de 2012 como responsable de todo lo económico y de algunos aspectos más (entre ellos, el control, clave, de la Oficina de la Presidencia de la República), y parecía ir avanzando en 2016 con un dominio general inequívoco, por encima de Miguel Ángel Osorio Chong, secretario de Gobernación, que originalmente parecía destinado a ser un «vicepresidente» más o menos poderoso, encargado de lo político.

Videgaray había explicado una y otra vez en el programa de debate *Si me dicen, no vengo*, conducido en Televisa por Joaquín López-Dóriga, que la apuesta hecha por el gobierno de Peña Nieto consistía en invitar a los dos candidatos a la Presidencia de Estados Unidos para que vinieran y se reunieran con el mexiquense, a fin de ir poniéndolos al tanto del punto de vista y de la postura de México, dado que en esta ocasión el país más al sur del subcontinente norteamericano había sido inmiscuido en el proceso electoral vecino. Bien se conocía el talante del republicano Trump, pero Peña Nieto estaba actuando en modo «estadista», así que no podía permitirse responder al mismo nivel al injuriador y, en ese mismo plano supremo de la política, se desprendía de los requerimientos y presiones de las mediciones de popularidad (que, dicho sea de paso, estaban por los suelos), para cumplir con el propósito de pensar en México, en el bienestar de los mexicanos y en los problemas por venir que era menester atajar a tiempo, aunque evidentemente correría con el riesgo de ser mal entendido, vituperado. Oh, sí.

La doctrina del sacrificio necesario buscaba adelantarse a los acontecimientos y comenzar a tender puentes con alguien a quien el propio Peña Nieto había calificado de «amenaza» para México y a quien se había referido en un contexto en el que habían aparecido los apellidos Hitler y Mussolini. Se les había enviado invitación a ambos candidatos, y el primero en responder positivamente fue Trump, el ultrajador, y no Hillary Clinton, la (falsamente) menos peligrosa para los intereses mexicanos. El empresario del peinado extraño (se habla del gringo) anunció en la noche de un martes que el miércoles llegaría a México a reunirse con Peña Nieto, sin saber si este tenía en agenda algún asunto de cumplimiento ineludible, como Vicente Fox que, para evitar definirse a favor de Estados Unidos a la hora de aprobar en Naciones Unidas el ataque a Irak, el 11 de marzo de 2003, se hizo internar en un hospital militar para ser intervenido de la columna vertebral, lo que lo mantuvo bajo anestesia y en posterior convalecencia que le impidió tomar las llamadas presionantes del belicoso George W. Bush. («Operan al presidente Fox», *Proceso*, 11/3/2003).

Pero Hillary Clinton hizo saber que no aceptaba la invitación de Peña para reunirse con él en Los Pinos en su condición de candidata a la Presidencia de Estados Unidos. Con ese desaire desinflaba totalmente el globo de presunta inteligencia política y diplomática que de manera infantil habían echado al aire Peña y Videgaray, sin haber construido y ajustado las condiciones para que llegara a buen puerto.

El menosprecio de Clinton incrementó en los mexicanos no solamente la sensación de haber sido ridiculizados y traicionados por su propio representante formal, el viajero Peña (en Twitter, una mujer relató que lo hecho por el ocupante de Los Pinos equivalía a que alguien la hubiera insultado, golpeado y violado, y el padre de esa mujer invitara al agresor a cenar, con honores, en la casa familiar de la agredida). A la confirmación clintoniana de que todo se había hecho mal en ese episodio diplomático-electoral se sumaba la percepción de que igualmente nos iría mal con el triunfo de uno u otro de los contendientes vecinos. Si ganara Trump, mal, muy mal; si ganara Hillary, mal, muy mal, probablemente peor que con el burdo Donald, que amenazaba abiertamente con hacer lo que la Clinton no decía, pero que podría planear y ejecutar en términos incluso más lesivos para los intereses mexicanos.

Infierno en la torre: división en el gabinete peñista

Pero, no obstante los múltiples y graves motivos de indignación que buena parte de los mexicanos podría enarbolar contra el mexiquense, el sistema y los políticos, nada había conjuntado ese sentimiento, hasta volverlo encabronamiento cabalgante, como el hecho de ver a la pieza central del sistema político, el presidente de la República, en condición abdicante, indigna, vergonzosa, frente a personajes extranjeros o, con más precisión histórica dolida, estadunidenses, gringos.

Durante un año, Peña Nieto había mantenido una postura de aparente (e inexplicable) distancia respecto a las incesantes ofensas y amenazas de Trump contra México y, en especial, contra los mexicanos residentes en Estados Unidos, sobre todo quienes viven allá sin cumplir con los requerimientos migratorios correspondientes. Los Pinos argumentaba que no deseaba manifestarse o aparentar que intervenía en los asuntos internos de otro país (¡y de qué país!).

Esa prolongada «prudencia» fue sustituida de pronto por un activismo que colocó al gabinete presidencial en dos bandos: uno, encabezado por el vicepresidente o virrey Videgaray; otro, sin liderazgo único o, más bien, sin liderazgo, en el que participaban los secretarios de Gobernación, Miguel Ángel Osorio Chong, y de Relaciones Exteriores, Claudia Ruiz Massieu Salinas de Gortari (dado que la funcionaria utiliza los dos apellidos del padre como si fueran uno solo, compuesto, válido es extender la modalidad para identificarla también con los dos apellidos de la madre). Estos dos secretarios se oponían abiertamente a la pretensión del primero de invitar a los candidatos estadunidenses a visitar México, con el propio Videgaray como operador específico de hacer el convite y coordinar el eventual viaje del polémico Trump.

Triunfó la postura del virrey ejecutivo Videgaray, a favor de quien se definió con claridad el propio Peña Nieto (es decir, este anunció como ganador al personaje que le ha hecho anunciar lo que a ese mismo Videgaray conviene). Lo cierto es que Videgaray y su equipo manejaron el tema Trump de una forma facciosa, sin informar a sus compañeros secretarios. Videgaray fue una especie de jefe de gabinete en la reunión privada Peña-Trump, sin la presencia del secretario de Gobernación, Osorio Chong, y con la participación de la canciller. Ruiz Massieu, a pesar de las insistentes versiones de que mantenía un enojo profundo por haber sido marginada del tejemaneje de un asunto que correspondía a su oficina, y que había presentado su renuncia al cargo, que no le había aceptado Peña Nieto. El 9 de septiembre, ante personal de Relaciones Exteriores reunido en un auditorio, Ruiz Massieu defendió la «estrategia» seguida ante las campañas electorales estadunidenses pues, aseguró, «ha rendido sus frutos y no se va a detener», y dijo que ella seguiría en su puesto, como canciller «en primera línea». («SRE, responsable de visita de Trump: Ruiz Massieu», Andrea Becerril y Víctor Ballinas, *La Jornada*, 3/11/2016).

El favoritismo del ocupante de la silla presidencial hacia Videgaray, uno de los aspirantes a sucederlo, agravó los conflictos internos de cara a las elecciones de 2018. Antes del expediente Trump, el pleito buscaba definir quién sería el beneficiado por el dedo del jefe político. Luego del estrepitoso fracaso, todos los aspirantes quedaron tocados por el efecto del rey Midas al revés, que ya había propiciado la pérdida de seis gubernaturas en junio de 2016 y que probablemente contaminaría mortalmente cualquier candidatura presidencial identificada con ese «peñismo» desahuciado.

Reacomodos en familia: el incidente Trump pone en breve retiro (aparente) a Videgaray

El miércoles 7 de septiembre de 2016, el mundillo político hervía de especulaciones respecto al «mensaje» que Peña Nieto había anunciado que daría a las 11 de la mañana. Parecía imposible que ese día se convocara para algo que no fueran los cambios en el gabinete que permitieran al mexiquense intentar alguna expiación pública ante el terrible desliz cometido al recibir al candidato republicano. Los rumores se centraban en la inevitable salida de Luis Videgaray Caso, el secretario de Hacienda que debía ser sacrificado para aplacar un poco los ánimos sociales de linchamiento político.

Claudia Algorri, vocera de la Secretaría de Hacienda y Crédito Público, se adelantó al propio Peña Nieto al dar a conocer que Videgaray había presentado su renuncia y que no buscaría ningún otro cargo. En otros tiempos hubiera sido impensable que un subordinado se atreviera a difundir por su cuenta lo que un presidente de la República habría de anunciar más tarde (mucho menos si el subordinado estuviera en vías de dejar el puesto). Pero Videgaray buscaba evidenciar que la salida de escena era por decisión personal y podía regalarse esas demostraciones de poder.

En realidad, Videgaray Caso se iba de la oficina hacendaria pero seguiría teniendo presencia en la estructura de control de asuntos importantes del gobierno federal. En el entorno inmediato de Peña Nieto mantenía, como jefe de la Oficina de la Presidencia de la República, a Francisco Guzmán Ortiz, y en la Coordinación de Asesores a Carlos Pérez Verdía Canales. Además, había instalado en la presidencia del Comité Ejecutivo Nacional del Partido Revolucionario Institucional a Enrique Ochoa Reza (su alumno, quien le dedicó su tesis profesional y a quien impulsó a su más alto cargo anterior, la dirección de la Comisión Federal de Electricidad) y, ahora, dejaba la Secretaría de Hacienda en manos de la misma persona de quien la había recibido en 2012, José Antonio Meade Kuribreña, el principal precandidato presidencial del grupo dirigido por Videgaray, el influyente consejero palaciego que se iba del escenario público pero no del montaje de la obra política en curso.

Si lo que se buscaba era dar una apariencia de purgación política, el rediseño teatral fue insuficiente. En realidad, fue lo contrario, en uno más de esos giros tramposos que tanto encabronamiento provocan en los mexicanos. A Videgaray no lo corrieron (según la narrativa oficial), sino que él renunció por su propia voluntad. Al día siguiente, algunas columnas periodísticas relataron la presunta madrugada de discusión y análisis que habría sostenido el todavía secretario de Hacienda con Peña Nieto, para que aceptara la renuncia a esa secretaría por ser necesaria. («Renuncia Videgaray, el hombre fuerte de Peña Nieto», Ariadna García, *El Universal*, 8/9/2016). Se iba para darle refresco a la conducción económica del país, que él había calentado, pero no por la pifia histórica del caso Trump, aunque, siempre vulgarmente oportunista, el candidato republicano dijo ese mismo día que el éxito de su visita a México podía calibrarse al saber que había sido despedido uno de los funcionarios mexicanos que la habían organizado (abcnews.go.com, entrevista de David Muir, 6/9/2016).

El cambio en la Secretaría de Hacienda fue una reetiquetación cosmética con objetivos electorales facciosos. Meade seguiría la política económica practicada por él mismo cuando era secretario de esa oficina durante el anterior gobierno panista, política que a la vez fue, en términos generales, la misma aplicada por Videgaray. La confesión de continuidad absoluta estaba implícita en el hecho de que la sustitución de personas se producía, de manera impensable en términos ortodoxos, a un día de que fuera presentado ante el Congreso de la Unión el paquete económico para 2017 (ingresos y egresos), redactado y (des)equilibrado por Videgaray, quien proponía un fuerte giro restrictivo en el gasto público en general y, particularmente, en rubros de alta sensibilidad social, entre ellos educación y salud. Meade no tendría ni siquiera tiempo para leer los principales postulados del paquete explosivo que le dejaba su antecesor.

En todo caso, lo más notable estaba en el otro nombramiento anunciado ese mediodía de septiembre. Para relevar a Meade en la Secretaría de Desarrollo Social, Los Pinos designaba a Luis Enrique Miranda Nava, quien había sido secretario de Gobierno del Estado de México durante el periodo 2009-2011 y secretario de Finanzas de la misma entidad de 2005 a 2007, durante la gubernatura de Arturo Montiel. («Perfil de Luis Enrique Miranda Nava», *El Universal*, 7/9/2016).

Se trataba, pues, de un compadre de Peña Nieto sin brillo político propio, amo de las tinieblas y las negociaciones oscuras en Bucareli, adonde había sido enviado en 2012 como subsecretario de Gobernación para encargarse de los asuntos delicados, como una evidente cuña mexiquense para el hidalguense Miguel Ángel Osorio Chong, a quien el compadre Miranda no reportaba directa y abiertamente sobre sus actividades, sino al compadre Enrique.

El mensaje político, electoral y ético de esa designación era terrible. Ya se había vivido la experiencia deplorable del paso de Rosario Robles Berlanga por la Sedesol de 2012 a 2015, como primera titular del sexenio peñista en curso. Exjefa sustituta del gobierno de la Ciudad de México y expresidenta nacional del PRD, Robles Berlanga, protegida del expresidente Salinas de Gortari, dio continuidad al negocio de la construcción de apariencias de apoyo a la creciente cantidad de mexicanos en pobreza, sin más avances que los escenográficos (el Coneval reportó que, de 2012 a 2014, el número de pobres pasó de 53.3 millones a 55.3 millones: http://www.coneval.org.mx/SalaPrensa/Documents/Comunicado005_Medicion_pobreza_2014.pdf).

En el caso de Miranda, además de sus turbias credenciales políticas —es una especie de fontanero del poder—, también es miembro del selecto club de acaparadores de bienes inmuebles, con mansión en las Lomas de Chapultepec. La revista *Proceso* informó el 15 de abril de 2015 que el entonces subsecretario de Gobernación construía una mansión en los rumbos donde también tenían sus residencias Osorio Chong y Peña Nieto. En un terreno de casi 1,700 metros cuadrados, valuado en esa fecha en unos 55 millones de pesos y a nombre de su esposa, el compadre Miranda levantaba su casa familiar. En tanto, pagaba renta (o eso se decía) para utilizar como vivienda una propiedad de la familia Burillo Azcárraga, construida en 1,900 metros cuadrados en la misma calle de la Casa Blanca de Angélica Rivera, en Sierra Gorda, en las Lomas de Chapultepec. Vecindario es destino. («Luis Miranda y su gusto por vivir en las Lomas de Chapultepec», Jesusa Cervantes y Santiago Igartúa, *Proceso*, 7/9/2016).

Con esos antecedentes, Enrique Peña Nieto ponía a cargo de la enorme bolsa de recursos públicos destinados a combatir la pobreza e impulsar el desarrollo social, a un contlapache mexiquense, a un operador político personal y grupal, justamente en vísperas de las elecciones del Estado de México, a celebrarse en junio de 2017, tan difíciles como estratégicas para ese grupo en decadencia, y en la ruta de los comicios presidenciales de 2018, que con temprano sabor a derrota se percibían, por lo cual era menester la preparación de pertrechos económicos para el apabullamiento propagandístico y mediático de los opositores, la organización de defraudadores electorales y la clásica compra de votos.

En uno más de esos giros extraños de los estados de ánimo a la mexicana, la (aparente) salida de escena del secretario Videgaray pareció mostrar que en las alturas del poder político se atendía, aunque fuera un poco, el generalizado y airado reproche por la visita del repudiado Trump. La fachada de esa obra política no permitía aquilatar el sentido de reordenamiento de piezas que ejecutaba el grupo dominante, el de Videgaray, Meade, Aurelio Nuño y otros personajes áulicos. Las maniobras cerraban el espacio o dejaban menos posibilidades de crecimiento a Osorio Chong, el secretario de Gobernación al que ese círculo íntimo de Los Pinos culpaba de muchos de los errores graves del sexenio, y de una especie de traición en el contexto de la lucha por la candidatura a la sucesión presidencial.

Ese 7 de septiembre de 2016 tuvo consecuencias específicas en lo referente a las expectativas presidenciales del PRI en la lucha por el 2018. Hubo un evidente impacto en la militancia priista clásica (también inconforme y angustiada por la caída política imparable de Peña Nieto) de las implicaciones de la colocación en Hacienda del aspirante Meade (como pieza propicia para ensamblar los intereses priistas y panistas, en la eventualidad de que los primeros no tuvieran opción real de conservar el poder), y del significado nugatorio de la designación del compadre Miranda en la Sedesol, casi una garantía de inequidad presupuestal y de marrullerías gigantescas en la siguiente elección presidencial.

A fin de cuentas todo estaba cambiando de manera acelerada en un México que había acumulado durante largos años frustraciones, enojos y agravios y que ahora parecía llegar a un punto insoportable, con el propio jefe del sistema político mexicano exhibido vergonzosamente por un extranjero. Iracundia causada por una alternancia de siglas partidistas iniciada con el nuevo milenio, en aquel año 2000 cuando llegó al poder el promisorio Vicente Fox Quesada, tan esperanzador como grotescamente fallido; continuado el enojo en el sexenio funerario del políticamente pequeño y empequeñecedor Felipe Calderón Hinojosa, hasta llegar al retorno del PRI, pero en versión de tragicomedia, con una pandilla de rufianes políticos encabezados por un personaje ignorante, lerdo y rapaz, que agotó la reserva de paciencia social al mostrarse a plenitud en su verdadera dimensión en el episodio largamente narrado aquí, de la visita de Donald Trump.

TERCERA PARTE

Preguntas sin (mucha) esperanza
de respuesta

Preguntas, historias, razones, viendo el hundimiento

¿Cómo puede seguir adelante, como si nada, una nación donde 49 niños murieron durante un extraño incendio en Hermosillo, Sonora, el 5 de junio de 2009, en una guardería subrogada por el gobierno federal, sin que haya, siete años después (al momento de escribir estas líneas), certeza jurídica ni social respecto a las causas reales que motivaron el fuego y las muertes, y sin un rotundo castigo contra las autoridades y los empresarios, pero sí un enorme tufo a protección elitista por razones familiares y políticas? («La herida por la guardería ABC aún duele», Liliana Alcántara, *El Universal*, 4/6/2013).

El país se hunde día a día. Puede tomarse cualquier fecha de los años recientes para ilustrar el calendario del sacrificio nacional. Hora tras hora. Reporte tras reporte del asesinato que sabemos quedará impune, del secuestro que tendrá como destino una muerte violenta, de la ratería del funcionario de una u otra oficina de gobierno, de la mentira o la manipulación publicada y proclamada en los medios de comunicación comprados y vendidos, de la angustia del ciudadano sabedor de que lo peor que le puede pasar es caer en los tentáculos viscosos de la policía y los juzgados, del mexicano común y corriente que hasta 2016 solo atinaba a refugiarse en la insolidaridad, la apatía, la ironía y el cinismo.

Dolor profundo en este México nuestro, diariamente acribillado, secuestrado, torturado y vejado (hasta julio de 2016, más de 66,400 asesinatos durante el sexenio: *Aristegui Noticias*). Dolorosos todos nosotros, ciudadanos en demérito cotidiano, callados por las malas pero también por las buenas, acogidos a la fatalidad, atenidos a la coartada que proclama la inviabilidad de la política y la inutilidad de la participación cívica, burlones frente al esfuerzo de otros, adoradores de las evidencias del dinero y del poder (aunque estos hayan sido obtenidos de manera inmoral e, incluso, entre más torva sea esa adquisición, más admirada), pequeños contrincantes de nosotros mismos agigantados en nuestras fallas, estoicos supervivientes de la desgracia nacional sobrellevada.

¿Cómo puede seguir adelante, como si nada, una nación que diariamente sufre la pérdida de su gente, la que con penurias ha de cruzar la frontera norte en busca del espejismo de mejoría económica que su país le niega; o la pérdida constante de niños, adolescentes y jóvenes que de pronto desaparecen mientras caminan por calles y plazas y nunca más vuelven; o la sustracción violenta de aquellos por quienes luego se pedirá rescate y probablemente terminen salvajemente asesinados aunque lo paguen; todos, autoexiliados económicos o jóvenes rumbo a la trata de personas o al tráfico de órganos, o secuestrados por dinero o por venganza, en medio del brutal incumplimiento de la responsabilidad por parte de las autoridades y la complicidad criminal de lo que es un narcoestado?

Responsables son los políticos, claro. Pero también, en otras proporciones y circunstancias, una buena parte de los empresarios. Y los curas, los soldados, los policías, los jueces, los profesores, los alumnos, los banqueros, los burócratas y el largo etcétera en el que a fin de cuentas todos debemos incluirnos sin atenuantes, como ciudadanos que por mil razones hemos practicado, tolerado o callado durante demasiado tiempo los males que, hoy acumulados, han comenzado a estallar.

Quizá por eso se ha ido evolucionando del asombro y la molestia hacia la indignación y, a estas alturas, a un franco encabronamiento nacional. Pocos pueden quedar impasibles ante los sucesos trágicos de un país que nunca alcanzó las mejores calificaciones, pero tampoco había llegado a los niveles actuales de descomposición. De la denuncia y la ironía se ha pasado al abierto reclamo y al insulto en los espacios libérrimos de Internet, sobre todo en Facebook y Twitter, donde se vive un diario ajusticiamiento cibernético que no puede ser acallado mediante las cabriolas por encargo de muchos de los medios tradicionales de comunicación.

¿Cómo puede seguir adelante, como si nada, una nación donde el principal aspirante a presidir el país, el priista Enrique Peña Nieto, permitió (o propició, u ordenó) en 2010, cuando era gobernador del Estado de México, que se montara la farsa del hallazgo, muerta, de una niña desaparecida, Paulette Gebara Farah, en un resquicio del colchón de su cama, luego de días de una intensa búsqueda de la cual estaba pendiente, casi con ánimo telenovelero, la opinión pública de todo el país y en la que se aplicaron todos los recursos policiacos y forenses, sin darse cuenta de que, según la versión oficial —dada por buena por el siguiente procurador de justicia mexiquense, Alfredo Castillo—, un cadáver inodoro yacía donde no se imaginaría ni el más audaz de los escritores de novelas de suspenso, en algún pliegue de su propio rectángulo para dormir?

Tal vez el fondo de la firme indignación tenga que ver con el hecho doloroso de que no pareciera haber salidas más o menos alcanzables o creíbles. Una especialidad doctoral del sistema vigente ha sido la simulación, y en ese fango se atoran casi todas las intenciones de avance. Y aquí estamos (cuando menos la gran mayoría; solo unos miles están en lucha): atónitos, sorprendidos, rebasados, aparentemente impotentes, desorganizados y maltratados, en pleno encabronamiento, que en este caso es la etapa superior del enojo. La culminación, a la mexicana, del hastío, del hartazgo.

Encabronados estamos y, en este caso, la presunta malsonancia del participio se queda corta ante el cúmulo de tiznaderas que comete la clase política, del dizque presidente de la República hacia abajo, traficantes todos, o casi todos, del interés nacional, confabulados para saquear la riqueza pública, para ceder a las presiones del que puede comprar «justicia» y protección. En-ca-bro-na-dos, aunque a algunos oídos les parezca excesiva la palabra, castas reticencias sin sentido frente al horror nacional de los destazados, los degollados, los secuestrados, los levantados, los torturados y masacrados; frente a la insolencia y grosería de los discursos oficiales y sus boletines de prensa, frente a la diaria simulación criminal de las élites que juegan a mantener las apariencias de que este país va en el camino correcto.

¿Cómo puede seguir adelante, como si nada, una nación en la cual 43 jóvenes que estudiaban para ser profesores fueron desaparecidos la noche del 26 de septiembre de 2014, y toda la fuerza del Estado no ha sido capaz de explicar satisfactoriamente lo que sucedió y mucho menos de encontrar a esos normalistas o sus restos, sino que ha urdido una serie de maniobras de confusión y encubrimiento que devienen en una irritante patraña con sucia pretensión de «verdad histórica» confirmada por el exprocurador general de la República («Los normalistas están muertos, fueron calcinados: Murillo Karam», Patricia Dávila, *Proceso*, 27/1/2015); con el gobierno federal y sus fuerzas armadas bajo fundada sospecha de que ocultan lo que realmente sucedió, y que en ese contexto de complicidad criminal las instituciones mienten, manipulan, difaman y encubren, incluso rechazando las investigaciones internacionales a fondo y apostando a que el paso del tiempo hunda todo en el olvido o cuando menos les dé oportunidad de escabullirse?

No hay salida, o no parece haberla. Y eso es lo peor. Millones de mexicanos bajo el riesgo, hora tras hora, de ser el siguiente en la ruta de la desgracia. Todos amenazados por ese poder sin control de lo que llaman el «crimen organizado», concepto muy amplio que en realidad abarca a los delincuentes tradicionales, es decir, a los narcotraficantes ahora tan diversificados en sus rubros de trabajo, pero también al gobierno desorganizado y corrupto que termina siendo parte de los cárteles, y con frecuencia no solo a título de socio, protector o cómplice, sino de cabeza, guía y mando.

El país entero vive entre la zozobra y el enojo profundo porque no hay ante quién acudir en demanda de que se intente un retorno a cierta civilidad. Peor aún: si se recurre a los órganos policiacos o de procuración de justicia, los cuales funcionan a partir del dinero que les pagan los mismos delincuentes, los denunciados —que serán los primeros en conocer los términos de las demandas ciudadanas presentadas—, estarán prestos para castigar a los quejosos y dejar cruento testimonio ejemplarizante de que nada se debe ni se puede hacer contra quienes verdaderamente dominan este país.

¿Cómo puede seguir adelante, como si nada, una nación en la que 22 personas, presuntamente delincuentes, fueron acribilladas en una ejecución extrajudicial en Tlatlaya, Estado de México, el 30 de junio de 2014, por miembros del Ejército mexicano, que no sufrió ninguna baja, en un proceso demostrado de ejecución de cuando menos 15 de esos supuestos integrantes del «crimen organizado» que ya se habían rendido y estaban desarmados, luego de lo cual los cuerpos fueron movidos y la escena del crimen alterada, con armas de fuego colocadas a conveniencia a los lados de los cadáveres para alegar que habían enfrentado a los militares, y con múltiples evidencias de que contra esos civiles no se ejerció el arresto y la consignación judicial sino una más de las acometidas de «limpieza» social radical que en todo el país se practica conforme a una política no escrita ni reconocida de «abatir» a los presuntos delincuentes, es decir, de asesinar a sangre fría, sin opción de tomar detenidos? («Veintiuno de los "delincuentes" abatidos en Tlatlaya fueron "fusilados" por el Ejército», Pablo Ferri Tórtola, *Proceso*, 17/9/2014).

Encabronamiento profundo y generalizado en las sesiones familiares de sobremesa, pobladas de relatos dolorosos de las tragedias circundantes o las de sus propios miembros. Encabronamiento en las calles, donde todos saben que en cualquier momento se puede vivir un episodio fortuito que desemboque en golpes, disparos, secuestro y muerte. Encabronamiento en los empresarios de todo nivel, sobre todo los pequeños y medianos, obligados a pagar un impuesto extra, el correspondiente al «pago de piso» que les permita seguir adelante con sus negocios, bajo advertencia siempre cumplida de incendios, balaceras u otras agresiones contra el establecimiento, los empleados y los clientes, en caso de no ser pagado en tiempo y forma el mencionado «impuesto» especial. Encabronamiento al ver en sus nichos de lujo y frivolidad a los dizque presidentes de la República, secretarios y directores del gabinete federal, gobernadores y sus secretarios y directores, procuradores, diputados, senadores, jueces, magistrados, ministros y demás fauna burocrática rapaz e insensible.

¿Cómo puede seguir adelante, como si nada, una nación en la que, de acuerdo con un informe de la Comisión Nacional de Derechos Humanos, 42 personas, presuntos miembros del Cártel Jalisco Nueva Generación, que dormían en un rancho de Tanhuato, Michoacán, fueron ejecutadas el 22 de mayo de 2015 por policías federales enardecidos porque miembros de aquel grupo criminal habían emboscado días atrás a otros compañeros de uniforme y habían asesinado a cuatro, además de que tres semanas antes, con un misil, habían derribado en la cercana Villa Purificación, Jalisco, un helicóptero en el que viajaban miembros de la Secretaría de la Defensa Nacional, de los cuales nueve murieron, al igual que una policía federal, todo envuelto finalmente en la fundada suposición de que un ánimo de venganza ejemplarizante decidió exterminar con ráfagas de ametralladoras a presuntos delincuentes, sin dejar heridos y con solo tres detenidos, moviendo cuerpos, alterando escenarios, colocando armas y alegando que todo había sucedido en un combate tan desigual que solo dejó bajas (42) en una de las partes? («CNDH consigna ejecuciones extrajudiciales en Tanhuato», *El Economista*, 18/8/2016).

Y no se diga de los políticos, los partidos, las campañas, las elecciones y las «instituciones» que regulan sus andanzas, todos dedicados apasionadamente a consumir el enorme caudal de dinero público puesto en tales manos, especializadas en fingir gastos comprobables mediante papelería fiscal hechiza o triangulaciones delictivas con empresas de amigos o prestanombres. Los políticos y la política concentran un alto índice del rechazo popular, del «mal humor social» (como diría el aparentemente cándido Peña Nieto), del abierto encabronamiento al tratar de convencernos de que la catástrofe es un poco menos que un día de campo y el drama sangriento es una película animada de corta duración.

En temporada electoral el descaro y el abuso son más evidentes: los principales partidos políticos derrochan dinero que formalmente proviene de las arcas nacionales pero, sobre todo, carretadas de recursos de origen impreciso al que la mayoría considera más bien de origen muy preciso: el crimen organizado como fuente de financiamiento de campañas y candidaturas (un caso significativo es el de Ricardo Barroso, quien siendo candidato del PRI a la gubernatura de Baja California Sur aseguró, en mayo de 2015, que el financiamiento de su campaña provenía del crimen organizado (*Proceso*, 7/5/2015); empresarios deseosos de comprar protección y negocios a futuro, entre otros afluentes importantes. Y la machacona, ofensiva, irritante, encabronante difusión de *spots*; y los regalos «utilitarios» por doquier. Grabaciones para radio y televisión hechas con profesionalismo mendaz, voces amables, suavizadas, edulcoradas que nos dicen desde imágenes agradables que mucho se ha logrado (si la propaganda corresponde al partido que está en el poder) o que mucho se podrá lograr (si los anuncios son realizados por la «oposición»).

¿Cómo puede seguir adelante, como si nada, una nación en donde el 19 de junio de 2016 la Policía Federal disparó armas largas contra habitantes de Asunción Nochixtlán, Oaxaca, y asesinó a ocho personas —según confirmaron autoridades federales y estatales en una rueda de prensa 36 horas después del enfrentamiento (pero los pobladores aseguran que fueron más)— en el contexto de un desalojo de una carretera obstruida como parte de las protestas de profesores y ciudadanos contra la reforma educativa, desalojo al que originalmente había asegurado la policía que concurría sin armas, aunque luego, ya gráficamente probado que sí llevaban armamento y lo habían usado (uno de los videos fue proporcionado por un habitante de la región y dado a conocer el 31 de agosto por Radio Fórmula), se explicó que a última hora habían cambiado de estrategia, al ser «emboscados» los agentes por unas 2,000 personas de ese pueblo? («El gobierno acepta que hubo ocho muertos en Nochixtlán y vuelve a culpar a grupos extraños», *Animal Político*, 21/6/2016. «En breve, captura de policía implicado en el caso Nochixtlán: PGR», Jesusa Cervantes, *Proceso*, 29/11/2016).

La realidad no se corresponde con esas campañas de propaganda política, pero los mexicanos aguantan, aguantan callados, aunque estén en una sala de cine, con la familia, habiendo

pagado bastante dinero por una hora y media o dos de diver-
sión y escape, más los altos costos de las palomitas y la dulcería
(un ejemplo más de la desprotección del público ante los abusos
de los grandes empresarios, «amigos» de los gobiernos en turno) y los montones de anuncios publicitarios encajados sin más
al público, para que, además, se deba soportar la aparición de
profesionales de la mendacidad (en algunos casos, actores y conductores de televisión que por dinero prestan su figura como aval
de lo que saben que no es ni remotamente cierto), dedicados a
promover lo que esos partidos mentirosos dicen haber cumplido
o lo que prometen conseguir y que, a fin de cuentas, si se logra, se
habrá de convertir en negocio familiar o grupal (se habla en este
caso, sobre todo de la pandilla de las cuatro mentiras, que no es
partido ni defiende genuinamente la causa verde ni es ecologista ni lucha por México, sino todo lo contrario. Pero no son solamente ellos, ni solamente esas siglas. Son tantas plagas las que
asuelan esta nación pródiga, son tantos parásitos impidiéndole a
México levantarse y caminar).

¿Cómo puede seguir adelante, como si nada, una nación en
donde policías federales dispararon arteramente el 6 de enero de
2015 en Apatzingán, Michoacán, contra un centenar de miembros de las fuerzas rurales que protestaban, afuera del palacio
municipal, por la disolución de su grupo de autodefensa y la falta de pago, quedando cuando menos 16 muertos y decenas de
heridos, a pesar de que nadie opuso resistencia y tenían solamente seis pistolas, las cuales no usaron, y algunos palos, según
documentó con precisión la periodista Laura Castellanos para
Aristegui Noticias?

Y así podría prolongarse una larguísima lista de consideraciones y preguntas en este México que diariamente asiste a la
celebración ritual de una desgracia nueva, usualmente tan escandalosa que remueve de los primeros lugares del deshonor nacional a la anterior, que en su momento parecía insuperable.

Se podría hablar con amplitud de la nación despojada de una fuente histórica de su riqueza, el petróleo, de tal manera que en 2016 las gasolinas y el gas le cuestan más al consumidor: en septiembre, la gasolina Magna había acumulado un alza de 6.2 por ciento. («Suben gasolina, luz y diésel en septiembre, anuncia SHCP», Juan Carlos Miranda, *La Jornada*, 28/8/2016). Todo, a pesar de que el ocupante de la Presidencia de la República había prometido que no habría alzas en ese ramo ni en el del consumo de electricidad. O también se podría hablar de la Ciudad de México, sumida en una crisis ecológica por la nube tóxica que se cierne diariamente sobre ella y que subsiste gracias a la corrupción de los centros oficiales de verificación de emisiones contaminantes, a los pleitos políticos entre autoridades capitalinas, federales y del Estado de México, y a la composición química de las gasolinas, nunca adecuadamente esclarecido dicho punto que tiene tufo a corrupción en contratos internacionales. El investigador del Instituto de Física de la Universidad Nacional Autónoma de México, Héctor Riveros, graficó, de 2006 a 2016, los datos de la contaminación mensual promedio y encontró que en la Ciudad de México los índices de contaminación no bajaron, como debía ocurrir en caso de que se usara combustible con 30 partes de azufre por cada millón de partículas, tal como se aplica en algunos países según los estándares internacionales. («¿Contamina la gasolina en México más que la de otros países?», Alberto Nájar, BBC *Mundo*, 10/5/2016).

Pero, más allá de las preguntas circunstanciales, de los cuestionamientos a partir de lo cotidiano, ¿por qué y cómo hemos llegado aquí?, ¿por qué los mexicanos hemos permitido que nuestra patria se descompusiera hasta estos niveles de putrefacción?, ¿hay posibilidad sensata, real, viable, de cambiar las cosas?, ¿son las elecciones un camino adecuado para tratar de salvar a este país? Y, sobre todo, la pregunta de leninismo involuntario y extemporáneo que más se repite entre los ciudadanos angustiados, hartos, encabronados pero sin encontrar alternativa, ¿qué (podemos) hacer?, ¿qué (podemos) hacer?...

~/۱~

Madre de un desaparecido, prefiere no dar su nombre, 70 años. Habla a las afueras de la Procuraduría General de la República, con una pancarta en la mano

Es que, dígame usted, señor: ¿qué más podemos hacer? No nos hacen caso. Yo no pierdo la esperanza de encontrar a mi hijo. Vivo o muerto. No importa que sea muerto. Podré descansar cuando tenga sus restos y les dé cristiana sepultura. Entonces yo misma podré morir. Antes, no. Porque, mire... uno ha sido pobre de toda la vida. Dedicada mi familia al trabajo. Con pobreza, pero con la cabeza en alto. No robamos, no matamos. Lo poquito que tenemos nos lo hemos ganado limpiamente. Ahora todo se acabó. ¿Cómo va a ser posible que nomás así nos desaparezcan a un muchacho, a nuestro hijo? Ora, digamos que fuera uno, pero, ¿43? Pues, ¿dónde vivimos, señor? Dígame, ¿cómo va a ser posible que tanto joven sea desaparecido, nomás así? Bah, de ese señor ni me pregunte. Él, feliz de la vida, con su familia retratada en esas revistas caras, de viaje en viaje en su avionzote, protegido por montones de guaruras. ¿Qué va a entender él nuestra desgracia? ¿Usted cree que de veras le preocupamos? ¡N'ombre! A él le importan sus negocios, lo que se está robando, y proteger a los que lo protegen. Ni modo que nos deje investigar a fondo en los cuarteles: se le enojan los que lo cuidan a él y a su familia. Yo no sabía mucho de política, ni me gustaba meterme mucho en estas cosas. M'ijo me decía y me platicaba: «Mire mamá, que esto; mire mamá, que l'otro». Yo le decía: «Sí, m'ijo, pero no te metas tanto, tú a tus estudios y no te compliques la vida de más». Pero, ya ve. Ahora todos estamos molestos con todos: hay gente, y yo la entiendo, que se enoja porque marchamos, porque insistimos,

·71·

porque tapamos las calles, porque no nos dejamos ni olvidamos. Y tal vez tienen razón en su interés. Pero, ¿qué podemos hacer si no nos hacen caso? Nomás nos traen a vuelta y vuelta. Que ora sí, que mañana, que ya casi, que se está trabajando, que no nos desesperemos. Y su mentada «verdad histórica». ¿Usted cree? Pues no me gusta usar esas palabras, pero sí estamos así como dice usted, encabronados, muy encabronados, porque no se vale, porque son chingaderas. Disculpe usted. A veces me dan ganas no sé de qué. Veo a esos funcionarios mentirosos, a los que no les duelen nuestros hijos, que nos dicen palabras elegantes que no dicen nada, y me dan ganas de... bueno, para qué le digo. ¿Hasta cuándo, señor, hasta cuándo vamos a aguantar? ¿Mi nombre? Es lo de menos. Soy la madre de uno de los desaparecidos de Iguala. Pero ya he aprendido: también soy la mamá de los miles de jóvenes que desaparecen en todo el país. Y a estos menos caso les hacen. Soy la mamá de tantas jovencitas y jovencitos que se los lleva quién sabe quién. Pero también soy la mamá de miles y miles de mexicanos que sufrimos tanta injusticia. Es que, oiga, ya estamos hartos, ya basta...

CUARTA PARTE

Fraudes electorales, corrupción,
crimen organizado, impunidad,
desigualdad económica

2006: desinflar el globo de la ilusión

En julio de 2006, Felipe Calderón Hinojosa fue declarado ganador
de la elección para presidente de la República a partir de una ínfima diferencia de votos, un muy impugnado y poco creíble 0.58
por ciento por encima de su más cercano adversario, Andrés
Manuel López Obrador (AMLO) (Calderón obtuvo 15'000,284 votos y López Obrador 14'756,350). Vaya: la mitad de un punto porcentual como validación del máximo cargo de poder, en un país
donde los kilogramos son siempre surtidos con menos de mil gramos, los litros de gasolina nunca se despachan completos y el
fraude ha sido consustancial a los procesos electorales, casi su
marca de agua.

La exigua diferencia porcentual entre el derechista Calderón
y el izquierdista López Obrador (por usar de alguna manera los

referentes de la geometría política) no reflejaba en 2006 la apabullante concentración de factores de poder que abiertamente actuaron en contra de AMLO, con su moderada agenda reformista, y a favor de la continuidad del panismo en la casa presidencial de Los Pinos, etapa que seis años atrás había iniciado Vicente Fox. Este, con todo el peso que en México significa el aparato económico y político de la Presidencia de la República, la élite de los empresarios, la nómina de medios de comunicación alineados con esos poderes y una atroz campaña de descalificación y polarización («López Obrador es un peligro para México»), solo pudieron hacer que, conforme a los números oficialmente reconocidos, el nada carismático ni popular Felipe de Jesús Calderón Hinojosa superara al mencionado AMLO por un escuálido medio punto porcentual. («Por 58 décimas Calderón ganó a AMLO», Francisco Cárdenas Cruz, *El Universal*, 7/7/2006).

Las evidencias de la competencia tramposa, del abuso de poderes y de las operaciones fraudulentas, como la campaña negativa contra Andrés Manuel emprendida por el Consejo Coordinador Empresarial, con el aval del PAN, PRI y Partido Verde, fueron reconocidas en términos generales por los propios juzgadores, pero entre malabares legales se negaron a castigarlas y establecieron la tcsis de jurisprudencia práctica que más adelante sintetizaría el propio Calderón en una frase sumamente descriptiva: él había ganado, reconoció, como decían algunos pueblerinos, «*haiga* sido como *haiga* sido». («Ilegal la campaña empresarial del 2006 contra AMLO: TEPJ», *Proceso*, 30/10/2008).

Como era de suponerse, luego de que se declaró oficialmente el triunfo del candidato del Partido Acción Nacional se produjeron marchas, manifestaciones y protestas indignadas, muchas de ellas con destino final en la Plaza de la Constitución, conocida como el Zócalo, virtual corazón histórico, cultural, político y social del país, con el Palacio Nacional, la Catedral Metropolitana y las oficinas del gobierno capitalino a sus costados. Allí, en ese

Zócalo, se habían celebrado varias reuniones multitudinarias, vibrantes, de apoyo al tabasqueño que, antes de ser candidato presidencial, de 2000 a 2005 desempeñó un muy buen papel como jefe del gobierno capitalino, con austeridad, honestidad, sentido social y dedicación, como nunca se había visto en otro ocupante de ese cargo.

El enojo de un amplio segmento de la población por lo que consideraba un burdo fraude electoral estremeció al país, con multitudes en la Ciudad de México que esperaban un plan de acción que impidiera que se consumara ese robo político. En 2006, como en 1988 que ocurrió algo parecido con Cuauhtémoc Cárdenas Solórzano (cuando Carlos Salinas de Gortari se instaló en la Presidencia de la República), había una energía social dispuesta a dar pasos más fuertes en el contexto de la contienda por el poder, a ir más allá de los escenarios electorales y de las protestas que no eran escuchadas. Muchos de los seguidores de AMLO, que eran numerosos, estaban dispuestos a ocupar plazas públicas en el país, realizar huelgas de hambre multitudinarias, tomar edificios públicos, llevar a cabo acciones de resistencia civil pacífica e, incluso, enfrentar de manera más directa y airada los símbolos del poder. En los muy concurridos mítines en el Zócalo, en los días más calientes de ese 2006, había mantas que decían: «Usted ordene», con referencias al líder como general o comandante.

La vía lenitiva: ablandar, suavizar

Pero López Obrador decidió, en esa su primera candidatura presidencial, encauzar el enojo ciudadano por una vía lenitiva (este término se aplica a lo que tiene la virtud de ablandar y suavizar; es un medio para mitigar los sufrimientos del ánimo, según el Diccionario de la Real Academia Española), dispuesto a que aquel encabronamiento se fuera diluyendo a lo largo de un plantón que se instaló del 30 de julio al 15 de septiembre de 2006 en el mencionado Zócalo y se extendió por la calle Madero y un buen tramo de Paseo de la Reforma.

En diciembre de 2011, ya metido en su segunda campaña presidencial, AMLO respondió a las críticas relacionadas con aquella decisión de apaciguar a sus seguidores con el mencionado plantón, mientras Calderón y sus aliados se instalaban irremediablemente en el poder. En un mensaje difundido en pantalla de televisión abierta en los lapsos asignados al Partido del Trabajo, López Obrador declaró: «Nos costó mucho, nos han cuestionado mucho por eso, pero hay que decir que si no hubiésemos tomado esa decisión hubiera habido muertos, y que nosotros sinceramente queremos el cambio por la vía pacífica, no queremos la violencia». («El plantón de 2006 evitó que hubiera muertos: AMLO», Alma E. Muñoz, *La Jornada*, 20/12/2011).

El plantón fue retirado el 15 de septiembre. El entonces presidente de la República, Vicente Fox, encabezó la ceremonia oficial del Grito de Independencia (la noche de ese 15) en Dolores Hidalgo, Guanajuato, y no en el Zócalo de la Ciudad de México, donde el jefe sustituto del gobierno capitalino, el izquierdista Alejandro Encinas, dio el Grito de Independencia acompañado del secretario federal de Gobernación, el ultraderechista Carlos Abascal. El 16 se realizó un mitin multitudinario en la misma plancha principal del país, la Plaza de la Constitución, en el que, a mano alzada, los asistentes aprobaron la nueva etapa del movimiento lopezobradorista, con la designación de su dirigente como «presidente legítimo» y no como «coordinador de la resistencia civil pacífica».

Los siguientes seis años, luego del plantón del Zócalo-Reforma, refrenado el encabronamiento y con AMLO como «presidente legítimo» en ejercicio «itinerante», que era la preparación de su siguiente postulación presidencial, significaron centenares de miles de muertos, torturados y desaparecidos, en el marco de una violencia institucionalizada, sin mejoría alguna en las condiciones jurídicas, técnicas y operativas para alcanzar «el cambio por la vía pacífica».

~/\~

Don Beto, 56 años, colocador de vidrios, tocado con una ajada cachucha del PRD

O sea, ¿para qué? Desde entonces nos rompieron la madre. Yo estaba dispuesto a lo que fuera en 2006, verdad de Dios. ¿Tomar el Palacio Nacional? ¡Pus, órale, a tomarlo! ¿Qué nos hubiera pasado? ¿Muertos? Pues más muertos hubo con el cabrón que quedó. Mucho orgullo porque «no rompimos ni un vidrio» en las manifestaciones. ¿Se da cuenta de la ironía? Yo trabajo poniendo vidrios y, cuando algo está mal, descuadrado, mal fijado, lo que sea, pues a veces se rompen los vidrios que llevamos, y hay que poner otros. Pero es preferible hacer el trabajo bien, a fondo, sin miedo, porque, si no, pues el vidrio se va a caer tiempo después, y va a causar más desgracias. Y como yo, hubo muchos que estábamos nomás en espera de la instrucción. «Pa' delante», esperábamos que nos dijeran. Pero nos fueron acomodando en casitas de campaña en el plantón ese. Y luego, pues que no, que la autoridad había aprobado el fraude, y que el cabrón ese siempre sí se iba a sentar en la silla grande. Y que a preparar las siguientes elecciones. Nos dejaron el Distrito Federal, cierto. Uta madre, puro robadero de los del PRD, con sus pinches delegaditos ratotas. Y ya vio lo de la línea 12 del Metro. Digo, para dar ejemplos. Total que, ¿sabe qué?, mejor le sigo en mi chamba, poniendo vidrios, no se me vayan a romper...

~/\~

El foxismo: frivolidad, corrupción y engaño

La posibilidad de florecimiento de una conciencia nacional de cambio había sido traicionada de 2000 a 2006 por la caricaturesca presidencia de Vicente Fox Quesada, el panista, o aparentemente panista, que había llegado al poder con una arrolladora votación esperanzada de quienes anhelaban poner fin a la larga dictadura enmascarada del Partido Revolucionario Institucional. Esperanza de cambio para bien, aunque fuera con ese deslenguado personaje que, a contracorriente de lo que la masa ciudadana ilusionada suponía, en seis años se mostró como una reedición grotesca de los vicios tradicionales del sistema político mexicano.

Al final de ese sexenio de farándula política, corrupción y despilfarro, la nación necesitaba recuperar el impulso crédulo (no necesariamente en el sentido de que ganara determinado partido o candidato, sino de que se permitiera una elección libre y se disparara la posibilidad de participación creativa y reparadora de la gente), pero de nuevo esa posibilidad fue aplastada por el mismo sistema, que encajó a los ciudadanos el mensaje de que las cosas habrían de seguir como siempre, o aún peor, con la imposición de Felipe Calderón Hinojosa, un personaje menor, rencoroso y violento, que instaló durante seis años una sangrienta y aberrante «guerra contra el narcotráfico».

En 2006 se vivió la reivindicación del fraude electoral como instrumento de pedagogía social represiva: «Entiende, mexicano, que no hay alternativa posible, que todo ha de seguir dominado por los de siempre; que hagas lo que hagas, el sistema acabará triunfando». Y no fue un asunto específico de la bandería escogida por cada cual, sino de la improcedencia de la batalla cívica por sí misma, del restregar a todos la evidencia del nefasto destino electoral manifiesto, del acribillamiento ético con metralletas de mapachería.

Pudo haber sido el panista Calderón Hinojosa un presidente de la República con legitimidad, victorioso en términos dignos de reconocimiento, el cual habría sido aceptado sin reparos por la mayoría de los ciudadanos, como aconteció con el citado Fox Quesada, a quien no se regateó el hecho de que había arribado a la silla presidencial por una evidente e inatacable mayoría de votos. Pudo haber ganado el PRI, en la persona de quien había sido presidente nacional de ese partido y gobernador de Tabasco, Roberto Madrazo Pintado, y también se habría producido un reconocimiento general de su legitimidad si, antitéticamente, lo hubiera hecho con limpieza electoral. O pudo haberse aceptado la victoria de Andrés Manuel López Obrador, peculiar candidato de una amalgama de alguna manera identificable con el flanco izquierdo, y con ello el mismo sistema político se habría oxigenado y revitalizado, pues a fin de cuentas la opción «populista» tan satanizada nunca ha propuesto programas de revulsión verdadera ni de peligro para ese mismo sistema, sino reformulaciones clientelares voluntaristas. Pero ese sistema prefirió el manazo, el descontón, la reivindicación a trompicones del fraude electoral como sistema de vida, como propuesta con presunta vigencia eterna, el abatimiento sin misericordia de cualquier asomo de viabilidad electoral.

Fue en 2006 cuando dejó de correr la película que se había mantenido en cartelera durante décadas, incluso durante el insulso periodo de alternancia de siglas en 2000 con Fox Quesada, el héroe fallido que botó al PRI de la casa presidencial de Los Pinos pero creó de inmediato las condiciones para que el espíritu de ese partido se reinstalara durante su gobierno; incluso peor al convertirse ese mismo empresario derechista en promotor explícito del voto a favor del PRI en 2012. («Fox, récord Guiness por PRI», Carlos Ramírez, *Zócalo*, 28/7/2012).

La falsa transición democrática
El señuelo del histórico arribo a la Presidencia de la República de un opositor al partido de los tres colores (llamado Nacional

Revolucionario, luego De la Revolución Mexicana y, hasta la fecha, Revolucionario Institucional), justo al despuntar el nuevo milenio, suele ser asumido por algunos comentaristas y analistas como un momento definitorio de cambios profundos e, incluso, como el arranque de una «transición» democrática (aun hoy, con el barco hundiéndose, con las evidencias a la vista de la falsedad de esa premisa, hay quienes juguetean en artículos y programas de radio y televisión con la tesis de que México es «una democracia en construcción». Y lo dicen en serio o, cuando menos, con aires de seriedad). Un ejemplo de ello es el artículo de opinión «México: democracia en construcción», escrito por Enrique Krauze y publicado en *El País* el 5 de julio de 2012.

Esa etapa foxista fue un vodevil preparatorio, un frívolo paréntesis engañoso y penoso (penoso en dos sentidos: el de fatigoso y, además, el de dar pena), pleno de corrupción e improvisación, antes de la llegada de los tiempos rudos y crudos del blindadamente belicoso Calderón. Y entonces sí, a ponerse los cinturones de seguridad quien los tuviera, pues daba inicio el descenso a los infiernos, con el sexenio felipista de la muerte y, al término de este, la continuación, corregida y aumentada, del peñismo de los cárteles empoderados. («Seis años después: miles de muertos y un Estado más vulnerable», *Aristegui Noticias*, 26/11,2012).

~/|~

«Luis Gómez Z.», oficial de seguridad privada, 65 años, en alguna cárcel clandestina

¿Sabe qué, mi buen? Está usted bien pendejo. Las cosas son como son. Así han sido siempre y así seguirán. El jodido está jodido y el rico seguirá rico. ¿Pa' qué le busca chichis a las culebras, si no tienen? Lo que manda es el billete. Cuánto tienes, cuánto vales. No hay más. Pero usted, como otros que le piensan mucho, que le juegan

al vivo, que andan buscando su hueso diciendo que no, juran que van a cambiar todo. Y que el pueblo y quién sabe cuántas mamadas más. No, joven. Todo ese mitote que luego se traen, que la democracia, que la justicia y que la tía de las muchachas, nomás sirve para que los lidercillos saquen tajada para ellos y su grupito. Y se lo digo por experiencia: trabajé de chofer y guardaespaldas con uno de esos diputados dizque muy democráticos, y nomás viera todo lo que vi. Maletines con billetes para que lanzaran de candidato a fulanito o para que no lo lanzaran, o para que ganaran o se dejaran ganar en las elecciones; borracheras y, la verdad, orgías en las que ya no se sabía quién era quién y quién bateaba para dónde. Pero yo siempre he sido profesional, discreto, de una pieza. De esas fiestas privadas, con edecanes al principio y luego con muchachitos también, a mi jefe y a sus amigos los sacaba de avioncito, hasta las chanclas. Y, al otro día, todos como si nada. Serios, muy formales. Si ellos tenían que pronunciar discursos o dar entrevistas a los periodistas, allí estaban, hablando con mucha propiedad del pueblo y de las luchas sociales. Es lo que le llaman el sistema, mi buen. Pero usted, jovencito inexperto, y otros como usted, no lo entienden. Y nomás vea cómo lo tenemos aquí, secuestrado, madreado y, en un descuido, me dan la orden de darle piso. Y ya le dije que yo soy profesional, cumplido, un soldado del sistema, como dijo quién sabe quién. Ah, pinches muchachos pendejos que se la creen con eso de los ideales y otras vaciladas. Así son las cosas en el mundo, y así seguirán. Se lo juro con mi nombre de Luis Gómez Z., que obviamente es falso, o con el que usted escoja de mis varias credenciales de identificación con distintos nombres. Y ya no se queje tanto, mi buen. Usted se la buscó y usted la encontró. Tan a gusto que estaría en su casita, hijito de mami, pero quiso la mala vida. El que se mete a redentor sale crucificado. Siempre.

—✳︎—

La escuelita atlacomulquense del profesor Hank: pobres de los políticos pobres

Veo a Peña Nieto cruzar el pantano de la presunta lucha contra la corrupción y mancharse, y entonces recuerdo la máxima atribuida a Carlos Hank González, que ha estado grabada en el prontuario que usa buena parte de los políticos de todo el país: un político pobre es un pobre político.

El pragmatismo del profesor de primaria, quien desempeñó muy importantes cargos estatales y federales a la par que conformaba una de las más cuantiosas fortunas del país, rige la conducta de quienes llegan a ocupar cargos públicos de cualquier nivel y se hacen de un presupuesto para ser ordeñado, y de facultades legales propicias para la comercialización privada de lo público (pero no solo es aplicable lo anterior a priistas, sino a casi todo el abanico de la clase política, que a través de diversas etiquetas partidistas sigue practicando las reglas del priismo fundacional).

Nacido en agosto de 1927 en Santiago Tianguistenco, Estado de México, el profesor Hank es un emblema de la habilidad para convertir los dineros públicos en ganancias personales, familiares y grupales: santo patrono de los políticos-empresarios, ejemplo de agradecida compartición de ganancias con los superiores, sonrisa encantadora y trato amable como distintivos personales de «seducción», venerada estampa que resiste el paso de sexenios, de siglas partidistas en el poder y de batallas moralizadoras y anticorrupción desde los propios flancos gubernamentales que lo han honrado con devoción mimética, ya sin porcentaje de por medio.

No es difícil encontrar en los anales de la política del Estado de México emulaciones afanosas de las enseñanzas del profesor Hank. Ha sido perdurable el legado de esas hipotéticas Academias Atlacomulco (en este municipio dio clases el maestro, que luego sería presidente municipal de Toluca, gobernador del estado, jefe del Departamento del Distrito Federal y secretario federal en las carteras de Turismo y Agricultura). De la vertiente de Arturo Montiel Rojas, nacido en Atlacomulco en 1943, provienen el retoño actual, Enrique Peña Nieto, nacido en Atlacomulco en 1966, y varios de sus ávidos acompañantes (Luis Enrique Miranda, Alfredo Castillo y Gerardo Ruiz Esparza, entre otros) en el gobierno estatal de 2005 a 2011, y ahora en el federal.

El tío Arturo forjó y promovió al sobrino Enrique, quien, ya como relevo designado en el gobierno mexiquense, impidió que hubiera castigo para su antecesor cargado de fundadas acusaciones de corrupción en el ejercicio público —durante su gobierno, la empresa OHL, acusada de sobornar a jueces, ganó la licitación para construir, diseñar y operar el Circuito Exterior Mexiquense (CEM)—, incluso señalado, ese tío, en andanzas de enriquecimiento inmobiliario, sin explicación ética y legal creíble, por su compañero de partido, otro dilecto hijo político del profesor Hank, Roberto Madrazo Pintado, con quien Montiel peleaba la candidatura priista a la Presidencia de la República, postulación que finalmente quedó en manos de Madrazo, el exgobernador de Tabasco. («Montiel y Peña, los impulsores del monstruo llamado OHL», Jenaro Villamil, *Proceso*, 6/8/2015).

La pedagogía hankista (al igual que la de otros campeones del levantamiento de pesos desde el poder) concibe la política como un medio natural de enriquecimiento particular, como premio, compensación e incluso como una peculiar forma de protección contra el desempleo en épocas difíciles, mediante un ciclo de permanente retroalimentación: hay que «invertir» dinero en la política para hacerse de cargos que permitan recuperarlo y ganar más, lo cual a su vez permite nuevos y más elevados financiamientos electorales, que a la vez producirán más enriquecimiento y poder. Con esa visión se tejió la precandidatura presidencial de Enrique Peña Nieto, con ella se consumó el proceso adulterado que le permitió habitar Los Pinos y de la misma manera se ha ejercido el poder ejecutivo federal: un gobierno del negocio, para el negocio y por el negocio. («Caso Monex: PRI gastó más de 4,500 millones de pesos en campaña de 2012», *Aristegui Noticias*, 12/3/2014).

~/\~

Político en receso, 46 años, retirado del cargo entre acusaciones de corrupción

Es que la política no tiene palabra. Hoy estás arriba y mañana estás abajo. Los que hoy te apoyan y te colman de elogios y reverencias, mañana te dan con la puerta en la nariz y te persiguen. Por eso uno tiene que hacer su guardadito. Para la época de las vacas flacas, cuando nadie te va a ofrecer trabajo ni otra oportunidad. Y ni modo de andar dando vergüenzas. Un político lo único que no debe hacer es el ridículo. Entonces, pellizcarle un poquito a las finanzas es como darte una especie de seguro laboral, de enfermedad y de vida. Si uno no se cuida, nadie lo va a cuidar a uno. Además, la verdad, ni siquiera es que uno ande presionando para tener ganancias personales. Ya es cultural, como dijo el presidente. De veras. Los propios empresarios te llegan con la propuesta a la que no te podrás resistir. Saben hacer cuentas y saben su cuento. Te dicen: tanto, para cumplir con los requerimientos básicos de la obra o del negocio de que se trate, y tanto para el señor secretario o para el señor gobernador que tan buena ayuda nos da. Y con eso se compran la buena voluntad de uno. Pero las obras se hacen y los contratos se cumplen. Nomás faltaba. Hay algunos muy mulas que quieren regatear. Otros, al contrario, son tan generosos que hasta espantan. Nada de pichicaterías. Recuerdo a uno que tenía un método muy especial. Presentaba su propuesta y fijaba el porcentaje o el monto que se quedaría para mí. Pero luego me planteaba una fórmula muy jaladora: «Esto es lo acordado, señor autoridad», me decía, «pero de aquí en adelante, usted y yo podemos ganar todavía más». «¿Todavía más?», pregunté yo la primera vez. «Sí», me contestó, «por cada peso extra que usted me haga

*ahorrar, gestionando todavía más beneficios, exenciones, descuen-
tos, perdones fiscales, lo que se pueda, yo le voy a dar a usted cin-
cuenta centavos extra. Es decir, de lo que ahorremos más allá de lo
acordado, yo le doy en mano el 50 por ciento». Pero así funcionan las
cosas. Con otro de esos empresarios la propuesta parecía de película, entre cómica y mafiosa, la verdad. «Aprovecha tu oportunidad y
vuélveme multimillonario», me dijo cuando yo acababa de tomar posesión del cargo. Estaba frente a mi escritorio, con los brazos abiertos, como si me quisiera dar un gran abrazo y, la verdad, su rostro
brillaba, no sé si de alegría o por algún polvito maravilloso. «No estoy
jugando», insistió. «Hazme multimillonario y en esa misma medida
lo serás tú». «Ah, chingao, ¿y cómo?», le pregunté. Y, pues sí, era atre-
vido pero interesante el planteamiento: darle dinero a ganar a manos llenas y él me heredaría en vida la mayor parte de lo acumulado
en el sexenio, quedándose nomás con un porcentaje. Claro que no,
tal vez la primera vez sí da un poquito de remordimiento o de vergüenza, pero ya después uno se acostumbra a este tipo de negociaciones. Es que eso son, negocios. Y uno no sabe cuánto tiempo va
a estar en esos puestos, así que más vale prepararse para el futuro.
No es corrupción, es prevención. No te rías, es en serio.*

⌐╫┐

El sexenio de las casas y la impunidad

La prueba más contundente y difundida de la vocación del peñismo por el negocio privado desde la función pública ha sido
la Casa Blanca de las Lomas de Chapultepec, que la esposa del
ocupante de Los Pinos adquirió de manos de Juan Armando
Hinojosa Cantú, presidente de Grupo Higa y contratista muy beneficiado por Peña Nieto a su paso por los gobiernos del Estado
de México y el federal.

Documentada y revelada por el equipo de investigación de
la muy prestigiosa periodista Carmen Aristegui (reproducido

el texto en la revista *Proceso*, el diario *La Jornada* y los portales *SinEmbargo* y *Aristegui Noticias*), la aparatosa prosperidad inmobiliaria de la familia Peña-Rivera está en línea con la didáctica hankista-mexiquense-atlacomulquense. El propio profesor Hank dejó testimonio de ese estilo cuando, en 1980, regaló al entonces presidente José López Portillo, quien lo había nombrado jefe del Departamento del Distrito Federal, el oneroso inmueble popularmente conocido como La Colina del Perro. («Colina del Perro: abuso perpetuo», Samuel Adam, *Reforma*, 3/5/2015). Con la señora Angélica Rivera el financista amigo fue Juan Armando Hinojosa Cantú, principal accionista del Grupo Higa, privilegiado receptor de contratos y concesiones.

Irónicamente, para dejar constancia del tipo de país deshilachado en que se ha convertido México, el muy delicado caso de la escandalosa residencia de las Lomas de Chapultepec no produjo las consecuencias que en cualquier otro país más o menos respetable habría suscitado (es decir, la apertura de una indagación imparcial y convincente sobre el asunto, el castigo de los involucrados y la caída de los funcionarios responsables, así usaran el título de Presidente de la República), pero sí ayudó a exhibir hasta niveles grotescos la impunidad reinante en el país de la corrupción institucionalizada.

Por principio de cuentas, en marzo de 2015 se desató una batalla jurídica para dejar fuera del aire a la periodista Aristegui y a su equipo de trabajo. Años de confianza entre empresa y conductora del principal noticiero de esa estación radiofónica se rompieron. Al final, se impuso el castigo material a los difusores de las noticias indeseadas por el poder, pero también al segmento de radioescuchas que desde entonces se quedaron sin opción a su gusto en el cuadrante.

El golpe acrecentaba la sensación nacional de que el régimen iba cerrando puertas y ventanas, decidido a imponer una versión generalizada de hechos, con un periodismo en medios electrónicos cada vez más bajo control y muchas frecuencias dedicadas a difundir notas y detalles, con vocinglería y locuciones aparatosas o francamente alarmistas, pero sin ir realmente al fondo de las cosas, sin ofrecer el contexto ni contrapuntear las versiones oficiales ni presentar investigaciones que afectaran al poder.

Además del litigio original, relacionado con la presunta pérdida de esa confianza, motivo que puso fuera de las frecuencias radiofónicas de MVS a la periodista y sus colaboradores, posteriormente se presentaron otras demandas judiciales que inclusive amenazan el patrimonio personal y familiar de Aristegui. Dado a conocer el 9 de noviembre de 2014, el reportaje de la Casa Blanca terminó botando de su casa radiofónica a Daniel Lizárraga, Rafael Cabrera, Irving Huerta y Sebastián Barragán el 15 de marzo de 2015. («MVS denuncia a Carmen Aristegui por daño moral», *El Universal*, 21/7/2016).

Angélica Rivera se defiende; luego dice devolver la Casa Blanca

En el plano gubernamental hubo de cancelarse otro negocio promisorio, el del tren rápido México-Querétaro, que involucraba a empresas chinas y contratistas preferidos, entre ellos el emblemático Hinojosa-Higa. Y después de ello, el 18 de noviembre de 2014, nueve días después de que los hechos habían sido dados a conocer, la esposa del ocupante de Los Pinos se organizó una alocución videograbada, con tintes de telenovela, en la que con solemnidad, altivez y despecho dio a conocer (solo de palabra) la extraña forma de acumulación del dinero que la habría animado a entrar en tratos para comprar la famosa Casa Blanca, en abonos y con muy buena voluntad de la parte oferente.

En esa ocasión dijo que vendería sus derechos derivados del contrato de compraventa de la polémica propiedad. Era evidente, como escribí entonces en la columna Astillero, publicada en el diario *La Jornada* el 9 de julio de 2015, que el giro jurídico escogido (venta de derechos, no el cancelar la operación) podría permitir actos de simulación susceptibles de ser revertidos cuando el tema bajara de intensidad mediática.

En julio de 2016, mientras su esposo pedía perdón a los mexicanos por el «error» de permitir una mala interpretación de lo que según eso habría sido una operación mercantil lícita, se anunció, mediante la reproducción en Internet de una hoja sin mayor formalidad jurídica, que la señora Rivera Hurtado había devuelto la propiedad a la empresa del contratista amigo, quien reintegraría a la esposa de Peña Nieto los pagos que había realizado para la adquisición de la magna residencia, incluyendo «los intereses respectivos» (generosidad empresarial absolutamente impensable en el caso de un adquirente normal, a quien por sistema se cobran sanciones fuertes en caso de cualquier incumplimiento del contrato).

No se ofreció prueba documental en firme de alguna de las operaciones antes realizadas para la adquisición de la Casa Blanca ni de la cancelación del contrato que se dijo que se estaba realizando. Simplemente se hizo circular la imagen, antes mencionada, de un texto que no tiene en sí mismo ninguna formalidad jurídica ni demuestra nada, excepto el interés de la pareja Peña-Rivera por cerrar a trompicones el episodio de su mansión de escándalo, una muestra pequeña, pero muy bien documentada por los periodistas encabezados por Aristegui, de los beneficios económicos del ejercicio del poder.

~/|\~

Maquillista, 42 años, apellido White; habla casi para sí mismo

En-vi-dia. Así, silabeado. Eso es lo que le tienen a la señora. En-vi-dia. Mexicanitos que no soportan el éxito ajeno. Y, menos, si quien triunfa es una mujer. Pequeñitos, insignificantes, resentidos. Ella no necesita de esto. De la política, de la Presidencia. Por favor. Ha ganado todo el dinero del mundo con su puro esfuerzo. Es bella, reconocida internacionalmente, con personalidad. ¡Y con dinero propio! Pues claro que nunca se lo van a perdonar. A mí me consta la gran calidad humana de la señora. Lo profesional que es. Su buen corazón. Y su gran familia. Eso ni se diga. Quiere muchísimo a sus hijas. Se llama tener valores, aunque a otros tanto les arda. ¿Qué necesidad tiene ella de andar en chismes? ¿Y todo por haberse enamorado de un político? Ahora hasta tuvo que deshacerse de esa casa que tanto le gustaba. Se enojó. Claro que se enojó. Devolverla era como aceptar todo lo que se dijo. Pero, ya sabes, que la política, que el esposo. Bah. Y luego lo del otro departamento. Bueno, pero qué gente. Lo compró antes de conocer a Enrique. Y la gente de bien se hace ese tipo de favores, de pagar algo o de hacer un servicio. Pero eso no lo sabe la plebe. ¿Cómo lo van a saber, si andan viendo dónde están más baratos los tacos de carrito? Dios santo. ¿En qué país vivimos?

—✕—

Virgilio Andrade y sus investigaciones bufas

Una coronación arlequinesca, en el festival de la impunidad peñista, se vivió el 3 de febrero de 2015, cuando Enrique Peña Nieto nombró como titular de la Secretaría de la Función Pública —encargada de vigilar el desempeño de los servidores públicos federales— a Virgilio Andrade Martínez, un personaje de manifiesta subordinación hacia él. Dicha secretaría ha sido una especie de arrumbada contraloría del propio gobierno federal, que de por sí muy pocos resultados medianamente aceptables había generado a lo largo de su accidentada existencia, más bien convalidadora de las pillerías del sistema. Peña Nieto instruyó a su dependiente, en un juego escenográfico mal montado y peor actuado, para que «investigara» a fondo si él, el designante, o su esposa, habían cometido algún tipo de ilegalidad en la adquisición de la Casa Blanca. («Peña Nieto nombra a Virgilio Andrade como secretario de la Función Pública», Enrique Sánchez, *Excelsior*, 3/2/2015).

Además, le encargó a su sirviente que viera si había alguna sombra de irregularidad en la adquisición, a nombre del propio Peña Nieto, de una casa campestre en Ixtapan de la Sal. Y, para cerrar la rutina de comicidad política, le pidió que de una vez se asomara al expediente de otro beneficiado por el Grupo Higa (del contratista Hinojosa Cantú antes mencionado), pues Luis Videgaray Caso había recibido una millonaria casa de descanso en Malinalco, Estado de México, meses antes de tomar posesión de la Secretaría de Hacienda y Crédito Público (pero ya absolutamente conocido el papel relevante que Videgaray había jugado en la campaña presidencial y en las elecciones de julio de 2012, considerado el «cerebro» detrás de Peña Nieto, coordinador del equipo de transición y un virtual vicepresidente, no solo en términos económicos).

El secretario de la Función Pública, Andrade Martínez, tardó seis meses y medio en dar a conocer las exoneraciones que en realidad tenía a flor de labios en el momento mismo de rendir protesta como nuevo funcionario en febrero de 2015. Nadie se habría asombrado si, en lugar del protocolario «¡Sí, protesto!», hubiera soltado, a la hora de asumir el cargo, un «¡Sí, inocentes mis patrones!», que evidentemente era la consigna por la cual de manera carnavalesca lo habían designado.

¡Rechinando de limpios!

Andrade es un ejemplo depurado del arribismo burocrático a cuenta de complicidades facciosas. Su padre fue abogado del dirigente sindical petrolero Carlos Romero Deschamps, quien constituye uno de los más notables ejemplos de enriquecimiento extremo, brutal, en el ejercicio de cargos de «representación», en este caso de trabajadores de la principal empresa gubernamental del país, Petróleos Mexicanos, donde el saqueo y la corrupción han sido casi consustanciales.

Virgilio Andrade Martínez ocupó siempre cargos administrativos menores (asesor y coordinador de asesores de la Secretaría de Gobernación, director adjunto en la Secretaría de Hacienda, secretario técnico de Banrural), y de 2003 a 2010 fue consejero del Instituto Federal Electoral. Antes de pasar al gabinete peñista con rango de secretario de Estado, Andrade Martínez era titular de la Comisión Federal de Mejora Regulatoria, un órgano administrativo desconcentrado correspondiente al sector de la Secretaría de Economía con poca relevancia real, casi una chambita con buen sueldo otorgada por Peña Nieto a un cuate sin mayores perspectivas. («Andrade estudió con Videgaray, Meade y Ugalde en el ITAM», *Aristegui Noticias*, 4/2/2015).

A fin de cuentas, como era previsible, el funcionario en mención no pudo encontrar nada que afectara a su jefe (en cuanto a la casa de descanso en Ixtapan de la Sal, Estado de México), a la esposa de este o a la mansión del escándalo público (la Casa Blanca) ni al amigo y promotor del propio Virgilio Andrade, el secretario de Hacienda, Luis Videgaray Caso (respecto a la casa campestre en el Club de Golf de Malinalco, Estado de México). Rechinando de limpios vio los expedientes de cada caso, sin indicio siquiera de conflicto de intereses o tráfico de influencias. «La hora del día ha de ser la que ustedes indiquen, señor presidente, señora esposa del presidente y señor secretario de Hacienda», pudo haber sido expresamente el colofón de las «investigaciones» bufas del subalterno Virgilio.

~/|\~

Doctor (en administración de empresas) Stela, área de ventas de publicidad, 38 años

Disculpa mi uso del latín clásico, pero eso ¡son jaladas! ¿Cómo crees que una televisora va a «construir» la candidatura de un presidente de la República? Nosotros le ponemos alas a los sueños de los que quieran soñar, pero hasta ahí. Mira: yo vendo publicidad, hago paquetes, cierro contratos. Con políticos de todos los partidos y de todos los niveles. Pues sí, claro que el Estado de México. Siempre ha sido un gran cliente. Pues sí, claro que ponemos a nuestras estrellas para promover campañas en los estados. ¡Le damos al cliente todo lo que necesite para promoverse: tecnología, conocimiento, foros, espacios en nuestra programación! Es que de eso vivimos, mi buen, no sé si te has dado cuenta: de vender publicidad. Y claro que el gobierno, los gobiernos, son nuestros principales clientes. Párale, párale con eso. Ella fue allá como figura, como imagen de la campaña de promoción de los logros de ese gobierno. Y en la vida privada no podemos meternos. Hasta iría contra la Constitución: fulano y fulana no pueden enamorarse, porque lo prohíbe un contrato de publicidad. No, hombre. ¿Lo de la casa? Pues ya está muy explicado. Así se paga de bien en esta empresa, ¿qué quieres? Pero, mira, lo sustancial es esto: nosotros vendemos publicidad, no impunidad ni votos.

~/|\~

Videgaray, el de los dineros, también se dejó querer (cuando menos)

Me parece importante dedicar unas líneas al tema de Videgaray Caso, pues aun cuando es explicable que la atención general se haya concentrado en la Casa Blanca, resulta igualmente escandaloso el episodio del hombre de los dineros del peñismo (aunque renunció a la Secretaría de Hacienda en septiembre de 2016) que recibió una casa campestre del mismo contratista del escándalo de la residencia de Angélica Rivera Hurtado y Enrique Peña Nieto.

Conforme a la legalidad vigente (ah, las leyes mexicanas, siempre susceptibles de estiramientos y acomodos a gusto del cliente), Videgaray Caso ha sido exonerado, con la participación estelar del antes mencionado Virgilio Andrade, quien reconoció ser su «amigo» de mucho tiempo atrás. Pero, en la realidad política mexicana, es de una evidencia absoluta que la operación de compraventa de una casa campestre en un club de golf de Malinalco, obviamente en el Estado de México, se produjo cuando Videgaray Caso tenía un inmenso poder político y a unas semanas de tomar formalmente el control de la hacienda y el crédito público. Además, había sido amable pagador para Higa desde la Secretaría de Finanzas del Estado de México. («El investigador del amigo, el jefe y la esposa del jefe», Linaloe R. Flores, *SinEmbargo*, 4/2/2015. «Virgilio Andrade y Luis Videgaray son amigos desde 1986, revelan», *Pulso Diario de San Luis*, 4/2/2015).

Videgaray Caso cumplía funciones públicas al momento de hacerse de su casa campestre, pues como miembro del equipo de transición de Peña Nieto había recibido dinero público para esos menesteres. Además, la forma de pago al contratista resultó sumamente sugerente de un conflicto de intereses: el amigo Juan Armando Hinojosa Cantú recibió como abono unas obras de arte, valuadas en 2.4 millones de pesos, cuyo origen nunca ha explicado el cliente Videgaray Caso. Bueno, en realidad, ni siquiera hay constancia de que esas obras de arte existan o hubiesen existido.

El resto de la compra (6.6 millones de pesos) fue cubierto con un cheque expedido cuando Videgaray Caso ya era secretario de Hacienda y Crédito Público, el 31 de enero de 2014, pero ¡durante diez meses no fue cobrado, sino apenas unos días antes de que se supiera que *The Wall Street Journal* publicaría, en diciembre de 2014, un reportaje sobre las sugerentes irregularidades en la compra de esa propiedad en un club de golf!

El catálogo de actos bajo fundada sospecha de corrupción es muy extenso. Casi no hay secretaría de Estado o dirección importante de empresa paraestatal o descentralizada o de organismo autónomo que no tenga señalamientos constantes de favorecer a partes que están interesadas en violar las leyes para beneficio privado. Lo que hace el jefe lo hace el mando inmediato inferior, en una sucesión descendente que llega hasta el menos importante de los escritorios, siempre y cuando este cuente con algún sello de aplicación discrecional o con la capacidad de entrampar un trámite si no se agrega a la maquinaria el aceite del dinero o del favor bajo la mesa.

Pero no quedan las historias solo en el ámbito de Videgaray. El secretario de Gobernación, Miguel Ángel Osorio Chong, también tiene una magna residencia en las mismas Lomas de Chapultepec, metido igualmente en una trama contractual (el vendedor de la residencia es Carlos Aniano Sosa, contratista de obra pública. *Proceso*, 11/4/2015), en la que participa su esposa, quien a la vez funge como directora general del Sistema de Desarrollo Integral de la Familia (DIF), que es el brazo asistencial operativo de la «primera dama» (tal título, discriminatorio de las demás damas del país, está asentado formalmente en la página de la Presidencia de la República), Angélica Rivera Hurtado, conocida como *la Gaviota* por uno de sus más afamados papeles en telenovelas.

El subsecretario de Gobernación, Luis Miranda, operador de todas las confianzas de Peña Nieto (nombrado en septiembre de 2016 como secretario de Desarrollo Social), también tiene residencia de gran lujo en la zona capitalina de los altísimos funcionarios. Desde esos niveles hasta los más bajos de esa pirámide del poder sustractor, el que puede robar lo hace casi como obligación sistémica, cual religioso cumplimiento del destino manifiesto del México corrupto, de la fatalidad de un proceso cultural, como lo ha definido el, entonces sí, muy culto licenciado Peña Nieto.

─╱╲─

Rosaura Martínez, mesera, 48 años, con una sonrisa sincera

Cuatro horas, señor, y es poco: dos horas de ida y dos horas de vuelta. Me da cosa decirlo, pero soy privilegiada. Otras compañeras mías se tardan más tiempo. Hasta parece que uno hace esos viajes de las películas, al otro lado del mundo. Microbús, para empezar, y ya sabe lo horrible que son esas cosas. Los choferes manejan como si llevaran ganado y no pasajeros. Horrible: amontonados. Yo soy anchita, como puede ver. Y siempre me pregunto por qué en ese transporte público pusieron asientos dobles, corridos, donde apenas cabe uno, encimado al del otro lado. Y el manoseo, ya sabe, de los viejos cochinos. Y los asaltos, cuando tocan. Luego tengo que tomar el Metro. Otra sufridera. No es humano. No entra uno, la meten. Y no sale, la sacan. Allí sí no hay ni qué hacer: le meten mano a uno y ni siquiera sabe quién, entre la bola. Le roban la bolsa o cosas de la bolsa, lo que sea, y en el mazacote que se hace ni moverse puede uno. Salgo del Metro y camino como 15 minutos para llegar a mi trabajo. Mesera. Ya casi voy a cumplir 15 años allí, en esa misma empresa. Pues, más o menos: es restaurante bueno, no de lujo, pero sí con clientes que dejan buena propina. Nomás que hay que repartirla con los cocineros, lavatrastes, hasta con la chica de la entrada, la que recibe a los clientes. No, bueno, el sueldo es una miseria: el mínimo. Es que así nos obligan a ganarnos la propina. Pero, como le decía al principio, mi premio de cada día es llegar a mi casita en el Estado [de México], ciudades dormitorio, les dicen. Es mía. Siempre soñé con tener mi casa. Soy madre soltera. Mi mamita vive y ella me ayuda a cuidar al chamaco. Llego y me siento no sé cómo. Es un huevito, en un rumbo feo, con gente mala en la calle. Pero a los que somos de allí no nos hacen nada. Robos, droga, secuestros, a eso se dedican. Pero si uno no se mete con ellos no hay problema. Tener uno su propia casa es, aunque esté tan lejos, una bendición. Aunque, oiga, son unos ladrones los que las construyen. Material muy malo, para ahorrar. Y las conexiones eléctricas, la tubería, la herrería de las ventanas, los pisos. Ay, Dios. Todo al aventón. Chafa. Mal puesto. Nomás las apariencias, al cabo que uno acepta todo en la desesperación por conseguir el crédito y la adjudicación de la casa. Son unos rateros. Los del gobierno y los constructores. Ahora que uno acaba conformándose. Yo fui reparando mi casa, recién dizque hecha, de a poquito en poquito. Pero, bueno, qué me quejo. Acabé disfrutando: yo tengo mis plantitas. Las cuido, las riego. Son como 50 metros cuadrados de terreno en los que está levantada la casita. Dos pisos. Una recámara para el muchacho y otra para mi madre y yo. Nomás por eso he aguantado tanta friega y explotación en el trabajo: por el Infonavit, para hacerme de mi casita. Sí, el Infonavit ese del hijo de un político que tiene no sé cuántas casas en el extranjero, muy elegantes, y que ahora el muchacho anda en el negocio de gobernador. La estoy pagando, sí. Pero tiene seguro de vida: si me muero, le queda a mi hijo. No sabe, señor, qué descanso. Saber que tiene uno dónde meter la cabeza. Que ese pedacito es de uno y nadie lo puede correr. Con poquitos muebles, porque no caben. No, pues ¿cuál cochera, si ni carro tenemos? Y aunque tuviéramos, no hay espacio. Con eso me conformo. Con mi casita. Chiquita, bonita, mía.

꒷꒦

Todo fuera como pedir perdón

El 18 de julio de 2016 Enrique Peña Nieto volvió a provocar justificado encabronamiento en buena parte de la nación. Declamatorio, teatralmente malo, quiso aprovechar la ceremonia de firma del decreto que impulsaría algo llamado Sistema Nacional

Anticorrupción, para retomar el dormido tema de la Casa Blanca y, con aire aparentemente dolido, tratar de justificar su comportamiento en ese caso y, ¡oh¡, pedir perdón a los mexicanos. El tono discursivo, el lenguaje corporal y visual, las palabras huecas y por tanto cínicas, resultaban de una insuficiencia y una contradicción flagrantes con solo observar al público que las escuchaba y las aplaudía con entusiasmo en ciertos pasajes: escandalosamente irónico sería el momento, si se tomara en cuenta que muchos de quienes ese día celebraban el arranque de la lucha de fin de sexenio contra la corrupción serían precisamente las primeras víctimas de ella, si se llegara a aplicar en serio.

Pero no fue ese el descuadre más llamativo. El siempre sorprendente (para mal) Enrique Peña Nieto, utilizó la tribuna y el marco de este acto para recolocar en el centro de la atención nacional algo que, por lo visto, no lo deja en paz. La Casa Blanca. O, más precisamente, el escándalo de la Casa Blanca. La percepción, más que el hecho. Y, en remembranza desastrosa de la farsa de José López Portillo cuando fue presidente de la República (1976-1982), pidió perdón y disculpas, pero por haber permitido que se creara una mala percepción de lo hecho por él y su esposa, y no por haber cometido un acto probablemente delictivo, en un licuado cuyos principales ingredientes son el conflicto de intereses, el tráfico de influencias y un eventual lavado de dinero para hacerse de una magna residencia valuada en 7 millones de dólares.

¿Por qué este político perseguido por los escándalos de corrupción, derrotado electoralmente apenas un mes y medio atrás en las elecciones estatales del 5 de junio de 2016, con deplorables niveles de popularidad según encuestadoras (*Reforma*, Mitofsky) que nadie puede tachar de conspiradoras contra el sistema, se atrevía así, como si nada, a presumir a la nación que uno de sus actos más criticados es absolutamente legal, sin mácula jurídica, aunque mal percibido por la sociedad, razón de escaparate por la cual se plantó a mitad de esa ceremonia anticorrupción para tratar de cerrar el círculo de las críticas y aparecerse como virtuoso solicitante de perdón por ese error, a fin de cuentas como los que todo mundo comete?

¿Es realmente tan torpe en materia política ese exgobernador y ahora ocupante de Los Pinos? ¿Sus asesores lo embarcan en aventuras oratorias lamentables, de las cuales el propio recitador se entera hasta que va leyendo las líneas escritas en su pantalla portátil, evidentemente supletoria de un confiable raciocinio discursivo, tabla de salvación para no cometer los disparates que suceden cuando por alguna razón ha de improvisar, lleno entonces de lugares comunes, de ilaciones maltrechas y de ignorancia inocultable?

¿Es respetable ese hombre al micrófono, a quien suelen llamar «presidente de la República» y que, bien o mal, es el jefe formal de las instituciones mexicanas, el responsable de administrar los asuntos públicos y de procurar justicia y bienestar? ¿Por qué, por qué tenemos los mexicanos a un «presidente» así? ¿Qué hemos hecho para merecer este tipo de gobernantes?

Repaso el video de ese día en que Peña Nieto pidió perdón y encuentro una mezcla de cinismo y desparpajo. Lo veo adentrarse en la suerte que evidentemente le será adversa, pero se encamina a ella con la tersura de un inconsciente. El de la Casa Blanca era un tema relativamente archivado. Todas las marrullerías posibles se habían practicado para «limpiarlo», para dejarlo oficial y jurídicamente resuelto, y no había necesidad de reabrir la herida. Pero se advierte en Peña Nieto un sino oscuro que lo lleva a combinar ridiculez con ignorancia, y en esta ocasión ofreció una muestra magistral de su desastrosa toma del pulso político.

Hizo una especie de involuntario homenaje público a la periodista Carmen Aristegui y sus investigaciones sobre la Casa Blanca. Parecía alegre, contento de cumplir con una estrategia calamitosa que por alguna razón extraña él consideraba brillante. Mantuvo esa sonrisa escénica que suple la falta de chispa intelectual confiable. Uno de los ojos achicado de repente, en lapsos de fracción de segundos, le añadía ese tono de pícaro que sabe que es falso lo que dice pero tiene que seguir diciéndolo. Su discurso lo llevaría a una reprobación política instantánea: pidió perdón al pueblo de México por un acto que, sin embargo, aseguró que es absolutamente lícito y correcto. Asumió como propio un desliz que en su momento trató de eludir personalmente y que incluso, formalmente, correspondería desahogarlo en exclusiva a su esposa, la actriz Angélica Rivera, que en su momento grabó un sentido video de autoexculpaciones.

Ese es Peña Nieto, pleno de desaseo político, corto de luces intelectuales así le sean prestadas, incapaz de transmitir una sensación básica de honestidad, pero con una sonrisa falsamente amable, un copete bien peinado y algunas líneas discursivas escritas en una pantalla televisiva ocultable tecnológicamente al público, amo y señor de la simulación que domina el ejercicio político en México.

El amigo que le pagaba el predial a la esposa en el departamento de Miami

El amargo sabor a engaño que dejaba esa teatral solicitud de perdón se confirmó plenamente tres semanas y un día después, el 9 de agosto de 2016, cuando *The Guardian* publicó un reportaje que daba cuenta de otras andanzas sospechosas de la pareja que habita en Los Pinos. A la par de un departamento de lujo en Miami, del que ya se tenía conocimiento por vía de la propia Angélica, ella utiliza otro que le presta un amigo de Peña Nieto, Ricardo Pierdant, quien es empresario y, según el diario inglés, un «potencial» contratista gubernamental. Además, el empresario pagó, a cuenta de una de sus compañías, los impuestos de la propiedad de Rivera en el estado de Florida.

A pesar de la precariedad informativa en puntos sustanciales (no se demostraba el conflicto de intereses, pues no había ninguna prueba de que ese empresario, Ricardo Pierdant, hubiese tenido contratos o concesiones en los gobiernos del Estado de México o el federal, con Peña Nieto como suministrador de favores), el texto a cargo de José Luis Montenegro motivó nuevas investigaciones (sobre todo en la cadena televisiva Univisión) que hicieron aflorar puntos igualmente indicativos de maniobras corruptas en el proceso de adquisición del mencionado departamento «extra».

El hecho de que un empresario «amigo» haya pagado los impuestos del departamento de Rivera Hurtado en Miami, cuando ella ya era esposa de quien ocupa la Presidencia de la República, sería motivo suficiente para abrir una investigación y castigar conductas ilícitas. Pero no solo eso, los datos e indicios que surgieron a partir de la publicación de *The Guardian* deberían haber motivado el inicio de una investigación a fondo, incluso en el aspecto específico de lavado de dinero.

Pero las esposas de los presidentes mexicanos pueden disfrutar y abusar del dinero público, establecer relaciones de conveniencia con quien deseen, disponer de partidas presupuestales para vestuario y arreglos, vivir y convivir en términos de lujo extremo en la residencia oficial y no rendir cuentas de nada, pues jurídicamente esa figura de la «primera dama» no tiene ninguna regulación que pueda causarle castigo.

En el caso específico de Rivera Hurtado, *la Gaviota*, revistas «del corazón», como *¡Hola!*, suelen dar fe pública de su propensión al gasto suntuario. En medio de la pobreza extrema que se vive en México, en un país destrozado, saqueado y humillado, ella se ha convertido en un símbolo de la insensibilidad y la frivolidad, bajo fundadas sospechas de participar en actos, cuando menos muy irregulares, que la benefician económicamente a partir de su posición conyugal en el escenario del poder.

¿Y así quieren que no estemos profunda, razonada, inocultablemente encabronados?

─⁄ı⸜

Publirrelacionista gubernamental, 62 años, amablemente corruptor

Es, ¿cómo decirte?, de pocas preocupaciones intelectuales. Se le da mejor el trato personal, las relaciones públicas. Eso sí: resulta muy agradable en corto. Y en la fiesta, ni qué decir. Enfiestado él y enfiestados sus invitados, no hay quién los pare. Y así puede conseguir muchas cosas buenas para el país. Pero no le gusta enredarse en lo profundo, nada de complicaciones. Él toma las decisiones sobre las líneas generales y luego encarga a su equipo que las aterricen. Para eso es el jefe. No es desapego. Es, ora verás... es confianza en su gente. Y, ya que hablamos de confianza, también te comento que sus múltiples actividades no le permiten detenerse demasiado en las cosas. Sabe disfrutar la vida. Y sabe con quién o con quiénes debe pasarse las horas para cerrar tratos, para negociar y solucionar. Sí, pues, le gusta el golf. Pero eso también sirve para estrechar lazos y para platicar con calma. También le gusta la playa, y la buena comida y la buena bebida, y ya no me hagas decir más, porque las paredes oyen. Ah, claro, le encantan los viajes. El avión. El ceremonial. Las recepciones oficiales. A él y a Angélica, nomás que ella, dicho sea aquí en confianza, sí se excede en cuanto a exhibición de modas y lujos. Y, bueno, no me hagas hablar de más, pero esas portadas en las revistas del corazón... Se pasa, sobre todo si consideras la situación del pueblo en general. Pero el jefe tiene que aguantar vara en eso y en otros aspectos de la vida doméstica. De lo familiar. De lo íntimo. Ahí, mejor ni meterse. Tú lo dijiste, no yo. Tú dices que le encantan las mujeres. Y, como eres un irreverente al que no sé por qué escucho, has hablado de otros aspectos de esa vida sexual. Cada quien su vida. Y a mí no me consta nada de eso. Pero no te obsesiones en su contra. Hace su mejor esfuerzo. Y, aunque no lo creas, le preocupa que haya una mala calificación de lo que hace. A veces, en corto, me ha pedido mi opinión sobre eso. Que por qué creo que la gente no aprecia suficientemente su esfuerzo al frente de la nación. Le preocupaba, por ejemplo, que los reporteros no le aplaudieran cuando él les iba revelando sus golpes maestros, sus planes, lo que él cree que está haciendo bien. Hasta que le expliqué que los reporteros no aplauden. Y se los dijo. Que ya sabía eso, que no aplauden. Él hace todo lo que puede. Con el mejor ánimo. Pero la gente es ingrata. Pues, de eso no sé. Pero, dime tú, que conoces bien este mundo de la política, ¿quién no aprovecha la oportunidad para quedarse con un pedacito del pastel? Pero es mucho más lo que hace. Le ha dado un nuevo rostro al país. Oh, pues, no se puede contigo. Mira, dentro de unas décadas, pasadas ya las calenturas del momento, lo recordarán como un gran presidente: patriota, reformador... Bueno, pues piensa lo que quieras. Sí, sí habrá país dentro de unos años. Y desde luego que estaremos mejor. Van a funcionar las reformas estratégicas, te lo aseguro. Bueno, piensa lo que quieras. Por eso México está como está. Por mexicanos como tú. Bueno, salucita y vámonos yendo. Comimos a gusto. Y el vino estuvo de pelos. Los Ribera del Duero pueden ser sensacionales, aunque caros los verdaderamente buenos, como los que tú mereces. Y este mezcalito al final no tiene madre. Pura espiritualidad. Gracias por escucharme y espero que tu criterio cambie. No, claro que no me enojo. Nomás tomo nota. No es que sea rencoroso, nomás tengo buena memoria. No, no te creas. Es broma. Tan cuates como siempre. Arrieros somos y en el mundo de la política y el periodismo andamos.

～ﾉﾚ～

«Guerra» contra el narcotráfico y los daños «colaterales»

Me asomo a mis apuntes periodísticos, a la mitad de 2016, y veo que seis años después del asesinato de Jorge Antonio Mercado Alonso y de Javier Francisco Arredondo Verdugo, a manos (según las evidencias) de soldados del Ejército mexicano, las averiguaciones gubernamentales del caso ni siquiera han sido puestas en manos de un juez.

Jorge y Javier eran alumnos de posgrado en el Tecnológico de Monterrey, justamente en el campus de la capital de Nuevo León, becarios con excelentes calificaciones que el 19 de marzo de 2010 salieron de las instalaciones escolares en la noche (tal vez a cenar) y fueron alcanzados por balas disparadas por militares que perseguían a delincuentes.

Como ha sucedido en infinidad de ocasiones, tales homicidios fueron adjudicados al «crimen organizado»: según eso, los jóvenes ultimados eran asesinos a sueldo que habían enfrentado al personal de uniforme verde olivo que, a su vez, en respuesta ante la agresión, había disparado contra tales sicarios; las pruebas estaban a la vista del personal forense que levantó las primeras diligencias, pues junto a los cadáveres se encontraban las armas utilizadas por los jóvenes matones contra los soldados, que habrían reaccionado en legítima defensa.

En realidad, según está consignado en los 16 tomos de la averiguación previa integrada por la PGR a lo largo de seis años, miembros del escuadrón Néctar Urbano 4, perteneciente a la Séptima Zona Militar de Nuevo León, son los principales sospechosos de haber asesinado a Jorge y Javier, en una de las puertas de entrada al campus mencionado, precisamente en la esquina de las avenidas Luis Elizondo y Eugenio Garza Sada. (Astillero, *La Jornada*, 21/3/2016).

Los soldados habían acomodado las evidencias a su favor, moviendo los cuerpos y colocando armas a sus lados. Así que la mentira fabricada, la manipulación delictiva del escenario mortal, el asesinato sin justificación, se integraron con rapidez al largo historial mexicano de los hechos de sangre asignados sin mayor sustento al «crimen organizado» y, por tanto, botados a una especie de fosa común de dimensiones nacionales, sin atención verdadera de policías, investigadores, peritos, personal forense, agentes del ministerio público o procuradores de «justicia».

En el caso de Jorge y Javier, ni siquiera porque pertenecían a una de las instituciones educativas de élite, el Tec de Monterrey, que se conmovió inicialmente con lo sucedido a dos de sus compañeros pero después, como sucede en todo México, como ocurre en cientos de miles de casos, dejó de enterarse y de preocuparse, excepto unos cuantos de sus alumnos y profesores decididos a sostener una lucha en demanda de justicia en ese caso de tantos que, seis años después, ni siquiera había llegado al conocimiento de un juez, entrampada, como muchas otras averiguaciones previas y diligencias, en la pastosa textura de una maquinaria de procuración de justicia (la Procuraduría General de la República y las procuradurías de los estados) y de administración de justicia (el Poder Judicial de la Federación, con su Suprema Corte de Justicia de la Nación, y sus símiles estatales).

La barbarie desatada

El caso de los dos estudiantes de excelencia solo es un botón de muestra de lo que ha sucedido en México desde que Felipe Calderón Hinojosa inició su «guerra contra el narcotráfico», en diciembre de 2006, a unos días de haberse encaramado en el poder, en búsqueda (fallida) de una legitimidad que no obtuvo en las urnas y en concordancia con las políticas de Estados Unidos en la materia.

Del infausto 11 de diciembre de 2006, cuando Felipe Calderón arrancó en su natal Michoacán la batida nacional contra lo que entonces solo se llamaba narcotráfico, a la fecha, la nación ha vivido en un incesante torbellino de violencia, injusticia e impunidad, que se ha trasladado de las cruentas batallas entre cárteles a la afectación abierta de la sociedad civil, lo cual ha significado una sustitución de facultades inherentes al Estado en aspectos como el cobro de «piso» (un «impuesto» de los grupos delictivos a negocios y personas) y que ha vuelto más evidentes los nexos vigorosos entre ese «crimen organizado» y los gobiernos (federal y estatales) adecuadamente desorganizados para permitir el ser infiltrados y dominados por el dinero de procedencia ilícita.

No ha habido reposo durante la década de la barbarie desatada.

Convertidos en parte de la vida diaria, esos hechos han tenido una marcada curva decreciente en cuanto a asombro o indignación ciudadana. La mayoría de la gente trata de evitar que le suceda algo parecido a lo que llega a enterarse, en algunos casos en medios de comunicación, o de lo que, con más frecuencia, se entera solamente en pláticas particulares, pues por amenaza o conveniencia muchos periódicos y noticieros electrónicos eluden dar información sobre los graves sucesos cotidianos.

Comandante federal «N», 48 años, de buenas y con una cerveza en la diestra

Soy federal. Antes era militar. Pero cuando empezó la tal guerra contra el narcotráfico me transfirieron a las filas de la policía. Con mandos militares, sí. Pero sin el uniforme verde olivo. A mí no me gustó el cambio. En el Ejército uno tiene otro rango, otro ambiente. Y no está acostumbrado a andar jugando nomás porque sí con las armas o con las vidas. Lo que es, es. Una orden se cumple con la vida. Y uno debe estar decidido a morir o matar, con tal de cumplir esas órdenes. Bueno, pues una de las órdenes que me dieron fue la de volverme policía federal. Según eso, para enfrentar a los malos. A los mañosos. Ya sabíamos en los cuarteles que eso del combate a las drogas era teatro. Que los jefes se entendían con los capos y las ganancias se repartían en las alturas. A nosotros, los de la tropa, a veces nos tocaba algo, sobre todo si lo asignaban a uno a alguna zona militar caliente. Había pagadores que cada quincena repartían dinero de los narcos. A nosotros, los de abajo, nos tocaba de a poquito. Pero algo es algo. Y no era mucho lo que había que hacer. Más bien, era no hacer. No meternos con los cargamentos, los distribuidores, los vendedores y los jefes del negocio. A veces sí teníamos que intervenir. Era feo. Porque nos tocaba ir a limpiar ciertas zonas o regiones a punta de bala. Había que abatir a todos los que fueran del bando opuesto al que nos pagaba. Como pajaritos, así los cazábamos. O como en los tiros al blanco de las ferias. Pum, pum, pum. A veces con un bazucazo. Prum, todo incendiado. Que no quede nadie. Para que supieran todos que nadie podría moverse en ese ambiente si no era con el permiso arreglado con la superioridad. Al principio, algunos jefes trataban de lavarnos el coco. «Los exterminamos», nos decían, «porque eran enemigos de la patria, criminales sin remedio, bestias que habían secuestrado, violado, torturado y asesinado». No, pues sí. Seguramente se merecían que no hubiera detenidos, puros muertos. Pero igual de malos eran los de los otros cárteles, a los que no tocábamos ni les hacíamos nada. Todo lo aprendido en cuanto a disciplina y honor de la milicia, he de decirle, mi señor, se quedó en los cuarteles. Ya en la policía uno solamente veía corrupción, arbitrariedad, vicio, maldad. No se diga a la hora de torturar a alguien. Y no crea que la tortura siempre era para sacarle la sopa a alguien. No. Muchas veces era nomás para que supieran esos criminales con quién se estaban metiendo. Para que sus compinches vieran lo que les pasaría si seguían dando lata. Claro que con frecuencia se nos pasaba la mano. Es que anda uno como gitano. Mal durmiendo. Siempre a las vivas. Con los nervios de punta. Y a veces nomás hay dos desahogos: el vicio, desde el alcohol hasta los polvitos o las pastillas, con el sexo incluido, y la violencia contra los detenidos. En el fondo, ellos, por andar de cabrones, eran los culpables de que uno no viera a su familia y se la pasara de plaza en plaza. Así que, a desquitarse. No me haga reír, amigo. Eso, nomás en las películas. O, ahora, en tanta seriecita de Internet, donde a los narcos los ponen como héroes. El tal Netflix, por ejemplo. Ya metido en la realidad, en el centro de la batalla, no hay para dónde hacerse. Nada de que plata o plomo. Ni madres. En esta vida que llevamos, de puros cabronazos, uno tiene que levantar toda la plata que pueda, y meter todo el plomo que pueda. No hay buenos en esta historia real. Nosotros les pegamos a unos para que otros crezcan o se afiancen. Y cuando estos caen de la gracia de los señores de arriba, las cosas cambian. Y entonces los buenos se vuelven malos. Y así. Nosotros, policías y militares, cuidamos que nadie toque a los cárteles que están arreglados. Para que crucen los caminos sin problemas, para que no los roben. Y estamos atentos a las casas de los capos y sus familias. Que nadie se meta con ellos. Así es el negocio, amigo. Y ya no ande preguntando tanta tontera. No, claro que no lo autorizo a que dé mi nombre. ¿Quiere verme mañana guardado en mi estuche de madera, tachado de soplón? Y usted, también cuídese. No se meta donde nadie lo llama.

—·∕ı∖·—

Narcopolítica; narcoestado: la sucia construcción del poder

Veracruz, un estado de gran riqueza y potencialidades, estuvo sometido durante seis años a prácticas mafiosas de gobierno que superaron las muy notables marcas de administraciones anteriores. Javier Duarte de Ochoa llegó a gobernador de esa entidad solamente porque en su favor maniobró quien estaba por dejar el cargo, Fidel Herrera Beltrán, un compendio de marrullería priista que escogió a un personaje con poca experiencia y fuerza políticas, subordinado en absoluto a él, para tratar de manipularlo.

Duarte de Ochoa, admirador del dictador español Francisco Franco —así lo señaló en entrevista radiofónica durante su campaña por la gubernatura—, se convirtió durante su periodo de desgobierno en una incesante fuente de escándalos, siempre aliado a Peña Nieto. Además de episodios memorables, como la detección, en Toluca, de unos maletines con 25 millones de pesos en efectivo a bordo de una aeronave de la administración estatal de Veracruz en tiempos electorales, ese político ganó fama nacional e internacional por los continuos asesinatos de periodistas, defensores de derechos humanos y líderes sociales. («Detienen a colaboradores de Duarte por trasladar 25 mdp en avión oficial», Dulce Ramos, *Animal Político*, 1/30/2012).

En otro episodio de enriquecimiento desmesurado, el jefe de la temible policía estatal, Arturo Bermúdez Zurita, tuvo que renunciar a la Secretaría de Seguridad Pública al ser reveladas múltiples adquisiciones de bienes inmuebles, en el extranjero y en el país, y la participación de él, de familiares (su esposa, su hermano y dos de sus sobrinos tienen propiedades en Texas ubicadas a muy poca distancia de las que posee el exjefe policiaco: «Extiende Bermúdez imperio con familia», *El Siglo de Torreón*, 4/8/2016) y allegados en negocios propicios para el tráfico de influencias y el lavado de dinero. A ese jefe policiaco, en diario proceso de enriquecimiento personal, acudieron los veracruzanos durante años para denunciar acciones del crimen organizado y solicitar los primeros pasos gubernamentales en busca de justicia.

Mientras tantas personas eran desaparecidas, torturadas y asesinadas (como en el terrible caso de Tierra Blanca, donde unos jóvenes, que venían de celebrar una fiesta en el puerto de Veracruz fueron detenidos por policías que los entregaron a narcotraficantes locales para ser ejecutados («Policías de Veracruz habrían entregado al crimen organizado a jóvenes secuestrados», Eirinet Gómez, *La Jornada*, 19/1/2016); mientras periodistas como Rubén Espinosa, Regina Martínez o Gregorio Jiménez de la Cruz eran amenazados, perseguidos, expulsados o asesinados («Veracruz, 24 periodistas y fotógrafos asesinados en los últimos 11 años», Rubén Espinosa, *Aristegui Noticias*, 4/8/2016); mientras la inseguridad pública mostraba como verdadero poder a los cárteles, el secretario de Seguridad Pública,

Bermúdez Zurita, veía cómo sus negocios y propiedades crecían. Y no se crea que las historias de Duarte de Ochoa y su jefe policiaco, Bermúdez Zurita, son una excepción. Todo lo contrario, son la regla en este México sumido en las tinieblas.

El agusanamiento institucional veracruzano, que ha sido muy evidente pero no el único, muestra que, abatida la solidaridad entre los ciudadanos, asentado el virus del miedo que paraliza, castigados «ejemplarmente» algunos de quienes se atreven a confrontar con civismo el desbordamiento del poder criminal, la narcopolítica florece y se extiende regional y estructuralmente.

No hay en el México actual una sola entidad federativa donde ese «crimen organizado» no actúe casi con total impunidad y casi siempre en entendimiento directo con los principales políticos y gobernantes a través de enlaces informales, pero muy eficaces, que negocian acuerdos y vigilan que estos se cumplan. En muchos estados y municipios, y en el plano federal, el financiamiento oscuro de campañas electorales y la entrega de enormes cantidades de dinero en efectivo para esos políticos y gobernantes son retribuidos en la administración pública con la cesión de carteras especiales, relacionadas con la seguridad pública, la asignación de obra pública y las tesorerías o áreas hacendarias.

De esa manera, los erarios, el federal, los estatales y los municipales, sufren un sistemático saqueo que debilita la capacidad de las estructuras institucionales para responder adecuadamente a las demandas de la población. A la histórica rapiña del tesoro público por parte de los políticos trepados en el poder, vocacionalmente corruptos en su gran mayoría, ha de sumarse la depredación correspondiente a los cárteles, que han elevado el porcentaje de ganancias exigidas, conforme a la mayor inversión que están haciendo en candidatos y partidos que solo pueden «ganar» sus elecciones mediante la distribución de dinero y bienes (adquiridos con dinero sucio) y el apabullamiento mediático y propagandístico de sus adversarios.

Los enlaces, los contactos, los dineros

Véase, como ejemplo patente de lo escrito en párrafos anteriores, la historia de Sergio Kurt Schmidt Sandoval, quien fue detenido en la zona metropolitana de Guadalajara tres días después de que en Puerto Vallarta habían sido levantados tres hijos de Joaquín Guzmán Loera, alias *el Chapo*, por parte de presuntos miembros del Cártel Jalisco Nueva Generación, del que Schmidt era, conforme a los señalamientos del gobierno federal, el «cerebro financiero». («Estaba Sergio Schmidt bien relacionado», Grupo Reforma, *Mural*, 20/8/2016).

Según el campechano Renato Sales Heredia, titular de la Comisión Nacional de Seguridad (dependiente de la Secretaría de Gobernación), Schmidt era «uno de los 122 objetivos prioritarios del gobierno de México» en su lucha contra el crimen organizado. Sergio «N», como en su momento se le identificó, «era el principal operador financiero de una organización delictiva con presencia en Jalisco».

Pero dicha figura se movía en Jalisco con absoluta libertad, alegremente entreveradas sus relaciones amistosas y de intereses económicos con políticos de todos los partidos, empresarios y personajes diversos de la sociedad jalisciense. El fiscal general del estado, Eduardo Almaguer Ramírez (luego que soldados y policías federales habían aprehendido de madrugada a Sergio «N» en un fraccionamiento de lujo), reveló que «este sujeto lo que hacía era ser un vínculo entre autoridades de diversos niveles, de grupos sociales, grupos empresariales, con la delincuencia organizada. [...] Tenía vínculos con diversos sectores sociales, no solamente con el ámbito político o judicial».

El escándalo alcanzó al exgobernador panista, Emilio González Márquez; al presidente municipal de Guadalajara y probable candidato a gobernar el estado, Enrique Alfaro, y a personajes del PRI y de otros partidos. Se difundieron constancias de que familiares del detenido habían estado en las nóminas de gobiernos municipales, y unos y otros políticos se acusaron de haber propiciado negocios a favor del peculiar empresario. Según declaraciones oficiales, el detenido llevaba unos 30 años dedicado a actividades delictivas. Pocos días después de ese peculiar golpe militar y policiaco contra el «operador financiero» del Cártel Jalisco Nueva Generación (fue a las 4 de la mañana del jueves 18 de agosto), fueron liberadas las seis personas que habían sido secuestradas a primera hora del lunes 15 de agosto de 2016.

Situaciones similares se viven en el resto del país, pues las elecciones siempre han requerido de dinero para ser ganadas, pero ahora se necesita más de tal pertrecho económico, en la misma proporción en que el sistema de falsa representación popular es cada vez más rechazado por los ciudadanos que, sin embargo, aceptan las maniobras de compra del voto y de fraude electoral con una ladina suposición de que algo de lo robado por los políticos está siendo «devuelto», aunque sea solo para votar por ellos, mantenerlos en el poder y hacer que sobreviva ese círculo vicioso.

Pero poco o casi nada se responde en proporción a los agravios sociales recibidos. Hay pasmo, desorganización, apatía. El conformismo de ciertos mexicanos llega al extremo de celebrar y agradecer que algunos políticos y gobernantes roben, pero que lo hagan con cierta discreción y, además, dejando algo de obra, aun a sabiendas de que en ese proceso constructivo se habrían quedado con tajadas importantes.

Ejemplos grotescos los hay en todo el país: en la ciudad de San Luis Potosí hay quienes agradecen al cacique magisterial, Carlos Jonguitud Barrios, ya difunto, que haya gestionado el parque Tangamanga, que lleva su nombre, a pesar de la serie de abusos y la enorme corrupción que auspició mientras fue gobernador de esa entidad (1979-1985); en Coahuila, igualmente, es posible encontrar a personas y comunidades muy agradecidas con Humberto Moreira por las obras y servicios que les entregó y por las «ayudas» personales y en efectivo, a pesar de que durante su administración ese gobernador endeudó gravemente al estado y se produjeron sonados casos de corrupción.

La imposición del cinismo y el cultivo de la desmemoria tienen como auxiliares pedagógicos a la nomenclatura de calles, avenidas, bulevares, viaductos, distribuidores viales, puentes, clínicas, hospitales, colonias, unidades habitacionales e incluso ciudades que han sido bautizadas con nombres y apellidos de algunos de los principales responsables de la crisis acumulada. Con esos homenajes urbanos el poder humilla desde lo cotidiano, desde lo habitual, a los ciudadanos obligados a tolerar el elogio de la corrupción y la podredumbre.

~/ı~

Dueño de compañía constructora, 39 años, gustoso de viajes al extranjero

No se puede de otra forma, créeme. O le entras o le entras. No hay negocio en México que tenga todo en regla, al cien por ciento. Siempre hay un resquicio, un caminito para que te pongan multas o te cierren el negocio si no te pusiste a mano. Y para todo hay que dar mordida, paso por paso, permiso por permiso, sello por sello. Uno qué más quisiera que todo funcionara como en Suiza o Finlandia. ¿No viste al chavo ese, al que apodaron «Lord Audi», el que empujó con su carro a un ciclista, y para impedir que un policía lo detuviera le decía: «Es México, güey»? Pues, sí: es México, güey. Todo se arregla con un billete. O hablándole a papá, sea el de a devis o a papá gobierno. Y para todo hay que entrarle. Que la fiesta o el cumpleaños del político, que la esposa de don Caca Grande anda haciendo colecta para pararse el cuello diciendo que ayuda a los pobres, que las campañas. Uta. Las campañas. Ahora, con la tal «democracia» se han duplicado y a veces triplicado las contribuciones. Antes, nomás era uno, el PRI; con ese te arreglabas una vez, y ya. Ahora no. Ahora hay que darle a varios partidos, pero siempre el que está en el poder te exige más. N'ombre, ¿cuáles facturas o recibos? ¿Pues en qué país vives? En efectivo. Todo en efectivo. ¿No ves que ellos también tienen que pagar todo en efectivo para no dejar rastro y que no los multen por rebasar los topes de gastos de campaña? A todo mundo: a los proveedores, a los colaboradores, a eso que le llaman «la estructura electoral». Bueno, hasta a los medios. A todos les pagan en efectivo. Así piden las cosas: pago en efectivo, no necesitamos factura y tú haz lo que quieras con el dinero. Y así acaba uno convertido hasta en cómplice directo. Ahí anda uno buscando cómo lavar ese billete. ¿Y qué haces cuando un pesado te propone un negocio chueco? Ya sabe uno lo que es el crimen organizado, y todo eso, pero, a ver, diles que no. «Pues sí, señor, dígame qué quiere que hagamos». Se acostumbra uno. Negocio es negocio. Y siempre queda muy buena ganancia. Debería enojarme por tu insolencia. Pero sí, somos delincuentes de cuello blanco, narcoempresarios que nos damos golpes de pecho en público y nos preocupamos por la pérdida de valores en la sociedad. Ajá. Pero lo peor, lo insoportable, es cuando te caen los que cobran por derecho de piso, o por no secuestrarte a ti o a tus familiares. Normalmente, les hablo a los jefes a los que conozco, policiacos o mafiosos, que a fin de cuentas son lo mismo. Y pido el favor. Y luego me entero de que por ahí agarraron a algún pobre diablo al que se le hizo fácil decir que era de equis cártel y que había pretendido chantajearme. Y los jefes esos le dan cuello a los pobres diablos. Pero a veces no los encuentran. O dicen que son de grupos que no pueden controlar. Y entonces uno vive un infierno. No sabes a qué hora va a entrar alguien al negocio a rafaguearlo. O que en la madrugada te quemen el local o las bodegas. O que de repente se lleven a tu hijo o tu hija. O a uno mismo. No. Es insoportable. Pero, bueno, como dijo aquel, «Es México, güey».

Que se vayan los pendejos y regresen los ladrones

En las elecciones estatales de junio de 2016 se pudo apreciar con más claridad el peso del crimen organizado en la política mexicana. Por ejemplo, durante varios sexenios en Tamaulipas (una extensa e importante entidad donde nació uno de los principales cárteles con influencia nacional, el Del Golfo, y su sanguinaria escisión, los Zetas), los gobernantes han sido meros administradores del gran negocio floreciente, con la estructura oficial puesta al servicio de los capos y sus operaciones, y con flujos de dinero en efectivo inyectables a campañas y proyectos políticos y, desde luego, al enriquecimiento aparatoso de esos políticos.

Hasta entonces siempre gobernado por el PRI, casi un museo de las peores prácticas de ese partido, en junio de 2016 Tamaulipas quedó al mando de la formación derechista, el PAN, en un proceso electoral complejo, relacionado entre otras cosas con el hartazgo social ante la corrupción y la violencia identificables con el priismo pero, además, con la derechización inducida desde el poder federal como estrategia alternativa de bipartidismo concertado ante riesgos de lo que esos aliados llaman populismo.

La pelea de 2016 por Tamaulipas llevó a un intercambio de acusaciones entre seguidores de los punteros respecto a presuntos financiamientos del crimen organizado hacia el respectivo adversario. La dirigencia del Revolucionario Institucional llegó a denunciar formalmente la presunta utilización de recursos del narcotráfico en la campaña del panista Francisco Javier García Cabeza de Vaca, aunque una de las «pruebas» fue una fotografía truqueada que, al ser descubierta, obligó al PRI a disculparse. («PRI-Tamaulipas se disculpa por foto alterada contra el PAN», Nayeli Cortés, *El Financiero*, 12/5/2016). El candidato priista, Baltazar Hinojosa, también fue mencionado como beneficiario del Cártel del Golfo, en una investigación que la PGR siguió contra Tomas Yarrington y Eugenio Hernández. Los cárteles ejercían presión para que se votara a su favor, aunque finalmente perdió.

(«Aspirante a la gubernatura de Tamaulipas, vinculado al Cártel del Golfo», *SDP Noticias*, 24/11/2015).

El saldo, en realidad, fue incruento: seis años atrás, faltando seis días para las elecciones que sin duda iba a ganar (con los métodos tradicionales de su partido), el priista Rodolfo Torre Cantú fue ejecutado en una carretera rumbo al aeropuerto de Ciudad Victoria, la capital del estado, por un comando que de manera relampagueante y profesional lo asesinó junto con algunos de sus acompañantes. Nunca se supo quién ordenó su muerte, a pesar de que su hermano, Egidio, fue nombrado candidato sustituto y ganó los comicios. Enseguida se convirtió en un gobernador blindado, distante, que dejó correr los negocios dominantes, más preocupado por evitar que le sucediera lo mismo que a su hermano que en investigar y hacer justicia en ese caso fraterno. («Identifican a El Coss como asesino de Torre Cantú», Álvaro Ángel, *24 Horas*, 20/9/2012).

Pero no es solo en Tamaulipas donde reina la narcopolítica. Prácticamente en todos los gobiernos (federal, estatales y municipales) está presente el peso y la influencia del dinero llegado de manera directa a las campañas electorales que, al triunfar, retribuyen a esos financistas oscuros con carteras en los gabinetes desde las cuales sus representantes se dedican a recuperar las inversiones, con altas ganancias.

A esa red de entendimientos contribuyen también determinados segmentos empresariales que fabrican mecanismos de distribución del dinero sucio, tanto en campañas en las que organizan el pago de estructuras y servicios electorales para eludir o disminuir las revisiones oficiales de esos gastos, como en la compra del voto mediante tarjetas plásticas entregadas para la adquisición de mercancía en almacenes predeterminados. Hay otra vertiente notable: empresarios de todo nivel que participan en negocios que les dejan altos dividendos, a sabiendas de que el dinero participante proviene de actos de corrupción gubernamental o abiertamente del crimen organizado. («Caso Monex: el recuento», *Aristegui Noticias*, 16/7/2012).

Por ello, existe en amplios segmentos sociales la fundada convicción de que muy poco se puede hacer contra ese binomio políticos-autoridades y crimen organizado, tan identificados sus objetivos y procedimientos que acaban siendo uno solo. Los mexicanos saben bien que lo peor que les puede suceder, si no son secuestrados o asesinados, es caer en el fango procesal de policías, agentes del ministerio público, procuradurías, juzgados y tribunales.

Las estructuras de la procuración y la administración de justicia están fuertemente condicionadas por los intereses económicos relacionados con la corrupción y el crimen organizado. Con dinero y con influencias se mueven esas maquinarias, convertido el derecho y sus procedimientos en dúctil instrumento para acomodar a conveniencia lo que sea necesario para favorecer a quienes pueden comprar a la «justicia».

Ni siquiera investigar los crímenes adjudicados al narco

Ese deterioro institucional se ha agudizado a partir de momentos electorales y políticos específicos. De 2006 a 2012 (durante la administración que encabezó Felipe Calderón) se produjo en México un baño de sangre que, además del quiebre social, de los «daños colaterales», del drama y las tragedias en tantas familias (como los asesinatos de los estudiantes del Tec de Monterrey, Jorge y Javier, mencionados en páginas anteriores), tuvo consecuencias desastrosas y hasta ahora irreversibles en cuanto al cumplimiento de las obligaciones jurídicas, y específicamente judiciales, del Estado mexicano.

A partir de que Calderón sacó a las calles al Ejército mexicano para cumplir con funciones de policía antinarcóticos y militarizó a la Policía Federal, se estableció una política inconfesa de supresión, en los hechos, de garantías constitucionales para la franja de «sospechosos» de participar en cualquier modalidad de los negocios del crimen organizado.

Infinidad de casos de asesinato, secuestro, robo y lesiones fueron desatendidos por el Estado mexicano, que prefirió achacarlos, *a priori* y a discreción, a conflictos entre narcotraficantes («Se matan entre ellos», solía explicarse extraoficialmente) o a «bajas», «abatimientos» o «daños colaterales» en enfrentamientos con policías y militares que, por tanto, no requerían de averiguaciones previas, diligencias forenses ni apertura de expedientes judiciales para darles seguimiento.

Además de los votos mal habidos que, según sus adversarios, se agenció el candidato priista a la Presidencia de la República, Enrique Peña Nieto, también recibió sufragios provenientes de ciudadanos que con el regreso del PRI al poder (luego de 12 años de panismo decepcionante) esperaban una recomposición de la difícil situación nacional.

Con pragmatismo crudo, hubo mexicanos que suspiraron con nostalgia por los ladrones del erario que sí sabían hacer bien las cosas (aunque robaran) y por el afinado oficio político de ese priismo en la administración de los negocios corruptos, entre ellos el del narcotráfico y sus anexos, habida cuenta de que, durante décadas, los gobiernos de tres colores se entendieron amablemente con los grupos delictivos de toda laya, establecieron límites (entre ellos, no afectar a la población civil) y los obligaron a mantener un perfil bajo.

La realidad fue peor. Enrique Peña Nieto entregó la conducción de la cruzada contra el crimen organizado a su secretario de Gobernación, Miguel Ángel Osorio Chong, en quien concentró las facultades tradicionales de control de la política interna más el manejo de los mecanismos de «seguridad pública», que durante el calderonismo habían tenido un mando propio, el de la secretaría encargada a Genaro García Luna, un ingeniero mecánico que hizo carrera en el Centro de Investigación y Seguridad Nacional (Cisen) y en la Policía Federal (esta, con diferentes denominaciones, conforme a sucesivos planes de «modernización»).

Aparte de las múltiples barbaridades cometidas a lo largo de esos seis años, García Luna fue muy criticado por los montajes o «recreaciones» que hizo para mostrar la presunta eficacia de sus operativos, llegando las consecuencias al extremo de tensar las relaciones entre Francia y México a causa del encarcelamiento de la francesa Florence Cassez, viciado el proceso judicial contra ella por la simulación de detenciones de presuntos secuestradores y la liberación de rehenes, todo «recreado» para ser transmitido por la televisión mexicana; al final, Cassez fue liberada a causa de esas distorsiones institucionales de la realidad. («Caso Cassez tensa relaciones diplomáticas entre México y Francia», *Proceso*, 16/2/2011).

Con Peña Nieto se mantuvieron las peores características provenientes del calderonismo y se agregaron las propias de la casa. Pero, más allá de los datos y estadísticas, el rasgo distintivo del peñismo durante sus primeros cuatro años ha sido el de permitir (¿o promover, administrar?) una mayor participación explícita del poder del crimen organizado en la construcción de las formas de «representación popular», específicamente en cuanto al financiamiento de campañas, la promoción o veto de candidatos y el condicionamiento de la conducta futura de los gobernantes o legisladores así electos. («Con Peña Nieto, *el Chapo* y Jalisco Nueva Generación dominan el negocio de la droga», Tania L. Montalvo, *NarcoData*, 10/10/2015).

Pago de favores a financistas políticos

El propio arribo de Peña Nieto a Los Pinos estuvo marcado por el uso de dinero de procedencia poco clara. Parte de su precampaña extraoficial fue cargada al presupuesto del Estado de México a título de contratación de propaganda en medios de comunicación de todo el país, con marcado acento en los electrónicos y, entre ellos, sustancialmente en Televisa.

Otra parte importante del gasto de instalación de su figura como aspirante a la Presidencia de la República corrió por cuenta de gobernadores en funciones que encontraron formas de «ayudar» a su colega. La fabricación del triunfo adulterado de Peña Nieto permitió a algunos gobernadores y exgobernadores, como los tamaulipecos Tomás Yarrington y Eugenio Hernández Flores, los veracruzanos Fidel Herrera Beltrán y Javier Duarte de Ochoa, y el coahuilense Humberto Moreira, eludir las múltiples acusaciones y señalamientos relacionados con corrupción, abusos e incluso las insistentes menciones, sin comprobación formal, de haber permitido en sus entidades el funcionamiento de determinados grupos criminales.

Solo una gran complicidad, un agradecimiento profundo por los favores recibidos, puede explicar la condescendencia del ocupante de Los Pinos hacia los personajes antes mencionados, a uno de los cuales, Herrera Beltrán, tramposamente hizo cónsul en Barcelona (utilizando un subterfugio legal para eludir que el Senado discutiera y aprobara o rechazara esa designación), y a otro de los cuales, Moreira, defendió con enjundia facciosa a través del aparato diplomático en España, donde fue detenido como resultado de una investigación por asuntos criminales que de manera extraña se disolvió con la misma rapidez con que había sido puesta en escena. («EPN nombra a Fidel Herrera Cónsul en Barcelona. Medios lo acusan de nexos con el narco», *SinEmbargo*, 17/10/2015. «Archiva España el caso Moreira», Armando G. Tejeda, *La Jornada*, 25/5/2016).

Como ya se dijo antes, la administración peñista le guardó a Duarte de Ochoa consideraciones excepcionales, a pesar de haber convertido Veracruz en un vergonzoso ejemplo internacional de represión, en especial contra periodistas y defensores de derechos humanos, convertida la hacienda de esa productiva entidad en botín de diario saqueo.

—⁄⁅—

Un «presidentito municipal», 39 años, en busca de ser diputado

Es que no se puede hacer nada. Todo está podrido. No tienes forma ni de contar con una escolta que te obedezca a ti y no a los narcos. Es tanto el billete que manejan que todo lo corrompen. Ya viste a la gobernadora esa, que le dio entrada a un cártel en su estado y luego quiso darle entrada a otro. No, pues no se vale. Así que los primeros, los que tenían la plaza comprada nomás para ellos, que la agarran. Los escoltas de ella eran de los mismos. Bien pagados por los mañosos. Le leyeron la cartilla, le advirtieron que le podría ir peor, a ella y a su familia. Y la tusaron. Para que aprendiera a respetar. Tuvo que llevársela con pelucas, hasta que le creció el cabello lo suficiente para comenzar a decir que se había hecho un corte moderno. Y aquel otro gobernador, al que los malosos dejaron en la carretera, de noche, a kilómetros de su casa, descalzo y sin calcetines. Y estamos hablando de amenazas ligeritas, advertencias sencillas, sin pasar a la sangre, a la violencia real. ¿Para dónde te haces? A la gente le es muy fácil exigir, gritar, pelear. Pero si un gobernador no puede con los del negocio, ¿tú crees que va a poder un pinche presidentito municipal? Antes, cuando menos parecía que teníamos mando. Hoy, ya ni las apariencias. Tenemos que poner jefe de la policía municipal que no es de nosotros, que no nos obedece a nosotros. Y a las primeras de cambio te llegan los mensajeros. Que dice el patrón que está muy preocupado porque detuvimos a quién sabe quién, y que lo soltemos de inmediato. Que en la noche de tal día, o todo un fin de semana completo, mejor nos vayamos de la ciudad, porque va a haber enfrentamiento con otro grupo al que piensan aplastar. Y le hablas a los de arriba, al secretario de Seguridad Pública del estado o al jefe de la zona militar y te ven con cara de «ese es su pedo». Algunos, hasta eso, son sinceros: «Pues hágales caso, amigo, para qué se mete en problemas».

El gobernador, ya sabes, puro rollo, siempre programado en modo discurso. No creas, se sufre. Sí, sí, estoy de acuerdo. A fin de cuentas a todos nos quedan nuestros centavitos extras, pero es feo saber que nomás eres un monigote. Y que en cualquier momento te hacen a un lado, te echan la culpa de algo o te dan piso. N'ombre, ¿cuál poder? El poder ya no lo tenemos nosotros los políticos. Eso se acabó. El poder lo tienen los narcos pesados y los jefes de las fuerzas públicas. Pues eso, ¿para qué me haces hablar de más? La policía, el Ejército y, de otra forma, la Marina. Esa es la realidad, ¿para qué le damos vuelta? Y cuidadito con que uno se aparte de esas reglas, de esa línea...

—⁄\\—

El Chapo y la fuga que desnudó el sistema

Un ejemplo escandalosamente ilustrativo de reglas, policías, funcionarios e instituciones comprados por el dinero criminal se vivió en julio de 2015, cuando el principal narcotraficante mexicano, Joaquín Guzmán Loera, *el Chapo*, se fugó de una cárcel de «alta seguridad» de una manera tan grotesca que develó a los ojos de todo el mundo la sistemática complicidad y protección de personal de a pie, mandos medios y altos (altísimos) funcionarios, hacia personajes cuyo gran poder deviene de acciones criminales.

El hombre presuntamente más vigilado de México, el que constituía la mínima prueba dudosa ante los contralores estadunidenses de que el gobierno de Peña Nieto estaba «combatiendo» al parejo a los cárteles desbordados, caminó hacia las instalaciones sanitarias de su celda y descendió a través de una alcantarilla, debidamente ensanchada, por un túnel de kilómetro y medio que durante meses habían habilitado constructores tan hábiles como ingeniosos e increíblemente indetectados.

La nueva fuga del Chapo constituyó un golpe sonoro y vergonzoso para el equipo peñista, que ese sábado 11 de julio de

2015 se trasladaba por vía aérea a París para participar en una visita oficial a Francia, que Peña Nieto esperaba fuera sumamente satisfactoria, pues había devuelto a Florence Cassez a su patria, como lo exigía el gobierno francés, luego del montaje televisivo y judicial hecho durante el calderonismo por el mandamás policiaco Genaro García Luna; así que Peña esperaba una clamorosa recepción y una estancia placentera, todo lo contrario de lo que realmente sucedió. («Fuga del Chapo: un segundo túnel en El Altiplano», Jesús Esquivel, *Proceso*, 5/12/2016).

El Chapo ya había escapado de otro penal de alta seguridad, el de Puente Grande, en la zona metropolitana de Guadalajara, supuestamente escondido en un carrito de ropa sucia para lavandería. («El día que *el Chapo* Guzmán se fugó de Puente Grande», *Excelsior*, 22/2/2014). Eso fue en 2001, cuando presidía el país el panista Vicente Fox Quesada. La estratagema (más complicada) que usó el mismo narcotraficante en 2015, puso en ridículo a la administración peñista y concretamente al secretario de Gobernación, Miguel Ángel Osorio Chong, precandidato natural a la Presidencia de la República, que se comprometió a recapturarlo, lo que sucedió en enero de 2016.

Elemento constitutivo de la más cruda de las realidades mexicanas, el crimen organizado es hoy un factor indispensable para los diseños de poder y para la funcionalidad económica de un país que ha pasado de las décadas del contrabando de artículos electrónicos producidos en Estados Unidos, el tráfico de estupefacientes (a partir del cultivo masivo de mariguana y amapola) y otras formas de delincuencia no lesiva para la población no involucrada, al desguace institucional vigente. No es un exceso decir que México es hoy un narcoestado: sus principales instancias de autoridad han sido arrolladas por un poder que, cual Frankenstein, se vuelve contra sus presuntos creadores.

El verdadero poder, en muchas regiones y en muchas instancias de gobierno, es el dinero que proviene de múltiples vertientes pero, principalmente, del crimen organizado. Entreverados, los poderes políticos declinantes y los poderes enardecidos de los criminales sin charola oficial han establecido, a lo largo y ancho del país, una red de control social que ha sumido a los mexicanos en un individualismo preventivo, a la defensiva, deseoso de alejarse de la solidaridad o de la lucha social, enconchado en la protección de lo inmediato, es decir, el cuidado de la familia y la conservación del patrimonio, sin atreverse a protestar, sabedores de que no hay leyes ni autoridades para apoyar a la comunidad sino a los maleantes, a los «mañosos».

Niños y jóvenes: la generación de la violencia extrema

Esa degradación social tiene expresiones de durabilidad extendida en los niños, adolescentes y jóvenes que están creciendo frente a una pedagogía del crimen, la impunidad y el abuso, fomentada inclusive por la moda de los narcocorridos. Progresivamente, los mexicanos se van enterando de la multiplicación de escenas pasmosas en las que los pequeños juegan a ser secuestradores o sicarios, e incluso se han cometido asesinatos planeados y ejecutados a sangre fría por escolares de primaria y secundaria.

En un México sin posibilidades adecuadas de capilaridad o movilidad social, con millones de jóvenes en edad productiva que no consiguen empleos decorosos y que presencian desde su marginalidad los excesos de las clases económicamente desahogadas, el mundo del narcotráfico puede ser una de las mejores apuestas posibles. No solo se tiene acceso inmediato a satisfactores de otra manera tal vez nunca alcanzables, sino incluso un nivel de autoridad y «respetabilidad» que compensa el muy probable acortamiento de las expectativas de vida o la inmersión forzada en el terrible mundo de las cárceles mexicanas.

No es el crimen organizado el que ha descompuesto a la sociedad, el que ha contribuido a romperla, sino todo lo contrario: ha sido una sociedad injusta, sin suficientes expectativas honestas de desarrollo individual, productora de empresarios multimillonarios frente a millones de nuevos pobres cada año, apática ante las evidentes distorsiones de los asuntos públicos, desdeñosa y si acaso burlona de los casos de corrupción y excesos de sus políticos y gobernantes, la que ha producido y tolerado el fenómeno del crimen organizado y su agresivo desbordamiento.

~/|~~

El M8, 26 años, chilango ahora avecindado en Michoacán

Pues claro que encabrona. Pinche sol y pinche humo y ahí está uno como perro, correteando pinches parabrisas para ver si lo dejan a uno limpiarlos. Y que no, que ni madres. O los que dejan que hagas tu chamba y luego ni siquiera te voltean a ver: ni gracias ni nada. Ves a pinches chavos como uno, de la misma edad, en sus carrazos, con la música a todo volumen y sus buenas morras a un lado. Y dices, «Chale, ¿por qué yo tuve que nacer tan súper jodido?». Y son ojetes. Abusivos. Burlones. Se encabronan porque anda uno taloneando una moneda. Te miran con desprecio, creyéndose más chingones, nomás porque saben que uno está en desventaja. Ni modo de partirles la madre allí, en una esquina, mientras dura el semáforo en rojo. Te agarran los pinches polis y no te la acabas. La contaminación, perra. El hambre, perra. Y, cuando no hace sol, la pinche lluvia. Y saber que vives de andar recogiendo la mierda de los parabrisas de los que tienen billete. A mí me encabronaba mucho embarrar en mi pantalón la espuma negra, cochina, de lo que había limpiado en el parabrisas. Pero, si no te limpias en tu propia ropa, ¿dónde, de volada, antes de que vuelvan a caminar los carros? A veces me daban ganas de aventarles cuando menos la botella de plástico con agua y detergente que uno trae. De bajar a uno de esos cabrones, mamones y prepotentes, y partirle la madre allí, treparme al auto y decirle a la chava bien arregladita que a dónde quería que nos fuéramos a echar desmadre. Y, ¿sabes qué? Con la novedad, mi buen, de que sí se puede. ¿Sabes cómo? Metiéndote de narco. Billete, viejas, camionetotas, fiesta, desmadre. Pero, lo más chingón: que te respeten, que te tengan miedo. Eres alguien, con una pinche bandota atrás. Valiéndonos madre el mundo a todos. A ver: ¿no que muy cabrones? Allí los tienes chillando como puercos cuando los agarramos. «A ver, hijo de tu puta madre, vuélveme a ver pa' bajo, como si yo fuera una mierda», le dije a uno que siempre me maltrataba en mi crucero y luego tuve secuestrado y le di piso. No sabes lo chingón que se siente. ¿Poco tiempo? Pues, mira, prefiero vivir así, aunque sean pocos años, aunque me quiebren mañana. Pero tengo lo que quiero, soy bueno pa'l jale, tengo un jefe chinguetas que le reporta al mero mero del cártel. He buscado a la poca familia que por ahí tengo. A unos, para agarrarlos a chingadazos, por lo culeros que fueron conmigo. A otros, pa' regalarles fajos de billetes, nomás porque sí, nomás porque ora me sobran. No, no mames. No hay buenos y malos. Todos los que andamos en esto somos la misma cagada. Policías, sorchos, políticos, todos están metidos hasta la madre. Me encabrona que preguntes tanta pendejada. Antes di que no te paso con mis compas, pa' que te den una calentadita por pendejo. Es vacilada, es vacilada. Pero, ¿no ves que es puro teatro? Más de una vez le he disparado a la televisión cuando está hablando uno de esos pinches culeros. Que la lucha contra el narcotráfico y que el respeto a la ley. Y sus pinches reportes mentirosos de que tantas bajas de criminales, y que trabajos de inteligencia y que su madre en pelotas. Pum. Plomazo en la mera cara del pinche mentiroso, aunque nomás sea en la tele. Se están hartando de dinero y ni siquiera corren peligro, como nosotros. Pero, como te digo, así es la vida. Yo ya no voy a vivir con la pata en el pescuezo. Poco o mucho que dure, pero bien vivido. Y, la neta, con esta pinche satisfacción perrona de saber que la levantas, que tienes con qué, que nadie más te va a sobajar. Pues claro que a veces se nos pasa la mano. Estos morros con los que ando en el jale siempre andan hasta atrás. Nomás respetan a la Santa Muerte y a los jefes de nuestro cártel. De ai' pa' delante, tope donde tope. Bueno, nomás ponle que el que habló contigo fue el Mofles. Los que me conocen de chavo, allá en la Doctores, saben que así me decían en la primaria. Acá, ya en las grandes ligas del narco, hice que me llamaran el M8. Soy el Mofles, sí, pero de carrazo de ocho cilindros. Hasta en eso soy más chingón...

━╾╱╲╼━

Gatopardismo electoral

Durante 2016 el Instituto Nacional Electoral dispuso de un presupuesto de 15,433 millones de pesos, de los cuales 11,402 millones se destinaron a gastos de operación (8,289 millones para su «base de operación», más 3,113 millones para «proyectos especiales») y 4,031 millones para el «financiamiento público a partidos políticos». («Avalan presupuesto de más de 15 mil mdp para INE en 2016», Isabel González, *Excelsior*, 28/8/2015). El Tribunal Electoral del Poder Judicial de la Federación, por su parte, ejerció en 2016 un presupuesto de 2,656 millones de pesos, casi 500 millones de pesos menos que el año anterior, debido a las políticas federales de austeridad económica.

Los consejeros y los magistrados electorales, sobre todo en el nivel federal, suelen ser un ostentoso ejemplo de prosperidad a cuenta del erario. Sueldos que en algunos casos están por encima de los titulares de los poderes ejecutivos correspondientes (a partir de 2017, el sueldo mensual de los consejeros del INE es de 249,547 pesos), prestaciones desmesuradas y privilegios varios son los usos y costumbres de una parte de la estructura que organiza y juzga los procesos electorales en los ámbitos federal, estatal y municipal. («Sueldos de la clase política al alza», Jorge Monroy, *El Economista*, 16/11/2016).

En las difíciles condiciones económicas del país, para dar otro ejemplo, el Instituto Nacional Electoral está inmerso en la atención de un proyecto sumamente especial: la construcción de un edificio propio, que costará cuando menos 1,100 millones de pesos, aunque sabido es que en este México de hacer obra, para que algo sobre, los presupuestos iniciales terminan muchos cientos o miles de millones por encima de lo considerado.

Molestos por las críticas que los partidos y el contralor del INE han hecho a esa vocación inmobiliaria en tiempos de crisis, algunos consejeros generales del INE han hecho saber, defensivamente, los grandes beneficios de una inversión de ese orden. Finalmente, ya en 2017, ante las críticas generalizadas por el despilfarro electoral, el INE canceló ese proyecto. («Critican al INE por exigir un presupuesto que no se ajusta a criterios de austeridad», Claudia Herrera, *La Jornada*, 26/8/2015).

Sin embargo, a pesar de esos gastos desorbitados y de la enorme estructura burocrática dedicada a preparar y valorar los resultados electorales, no ha habido en los tiempos modernos mexicanos ni un asomo verdadero de transición democrática.

A lo más, alternancia de siglas partidistas. Nuevas etiquetas y diseños para productos parecidos. Gatopardismo con colores, logotipos, campañas electorales, discursos y *spots,* e incluso parafernalia de protestas ante resultados fraudulentos sabidos y previstos pero ritualmente denunciados, quedando casi siempre esas quejas poselectorales sin mayores consecuencias que la preparación de la siguiente competencia, tal vez con nuevas reglas para nuevas trampas (el que hace el candado hace la llave), que en el fondo desembocan en lo mismo, es decir, en la continuidad del esquema de la contienda engatusadora.

Como está a la vista, las elecciones en México han resultado muy costosas en términos económicos y cívicos. Una parte importante del presupuesto nacional se dedica al mantenimiento de un sistema electoral que garantiza a las élites, a la clase política, la continuidad del estatus, con los votantes como referente de convalidación. Los partidos políticos (casi todos) se han convertido en negocios familiares o grupales que consumen una gran cantidad de dinero público para financiar sus estructuras de trabajo y para hacer campañas que en términos generales les dan oportunidad de hacer más negocios corruptos. («¿Cuánto cuesta la democracia?», Macario Schettino, *Forbes México*, 8/2/2015).

Los partidos «opositores», a su vez, suministran determinado número de votos en las negociaciones internas del congreso federal o de los congresos estatales y, en función de ese peso numérico, reciben retribuciones y más ganancias, en un círculo vicioso de falsa representación popular que pervierte el funcionamiento de todos los ámbitos del Estado mexicano, distribuyendo como piezas de botín los nombramientos y las designaciones de órganos teóricamente autónomos y convirtiendo la cosa pública en asunto de bucaneros.

Excesivo gasto electoral para resultados pésimos

Las maniobras de acomodo de los intereses partidistas han tenido la colaboración, a veces activa, a veces pasiva, a veces fácilmente detectable y en otras ocasiones adjudicada al ejercicio de la «política real», de las instituciones creadas para organizar las elecciones y juzgarlas. De la época en que el gobierno federal cumplía con las funciones de juez y parte (pues, a fin de cuentas, el principal contendiente, el PRI, formaba parte de ese gobierno), se pasó a un primer ensayo ciudadano, el Instituto Federal Electoral que, al menos en una primera fase, tuvo reconocimiento social pero que luego de esa etapa, presidida por José Woldenberg, entró en una clara decadencia, abiertamente acusado de ser cómplice de los fraudes electorales presidenciales de 2006 (con Luis Carlos Ugalde como consejero presidente) y 2012 (con Leonardo Valdés Zurita al frente) y de otros fraudes correspondientes, en diversos años, a otro tipo de elecciones. (El INE se creó en abril de 2014 en sustitución del IFE, Instituto Federal Electoral, fundado en 1990).

El Tribunal Electoral del Poder Judicial de la Federación ni siquiera ha tenido oportunidad de generar cierta esperanza, pues su funcionamiento ha estado establemente copado por los intereses de los partidos en el poder y los lineamientos de los más altos funcionarios ejecutivos. Entre papeleos, discusiones y legalismos, el IFE, ahora convertido en Instituto Nacional Electoral, y el Tribunal Electoral del Poder Judicial de la Federación, han ido tejiendo la fofa apariencia de normalidad competitiva y de viabilidad democrática.

Otro saldo de ese sistema electoral restrictivo ha sido el adelgazamiento de la conciencia cívica y la vocación participativa. Una amplia franja de los mexicanos está convencida de que los procesos electorales son una farsa y solamente sirven para distribuir «huesos» entre los principales participantes. Un subsector está integrado por masas populares acostumbradas a recibir y exigir la entrega de regalos y «estímulos» para participar en actividades de organización electoral y votar en favor de determinado candidato. («Feria de regalos», Leo Zuckermann, *Excelsior*, 18/10/2016).

La compra del voto es una realidad inocultable (como la práctica de la tortura por parte de los policías en México, por ejemplo), pero los gobiernos tienden cortinas declarativas de humo que buscan negar lo que todo mundo sabe. Esa mercantilización del sufragio es la parte final del proceso de prostitución de la política que el régimen ha sabido impulsar. De manera abierta, los gobiernos federales, es decir, las dos administraciones panistas y las muchas del PRI, han desarrollado programas de asistencia social que encubren tareas de organización electoral a favor del partido que esté en el poder. («Repite Presidencia regalo de despensas», Agencia Reforma, *El Vigía*, 10/10/2016).

Los padrones de beneficiarios de esos programas constituyen la plataforma inicial de trabajo para los organizadores del voto, con recompensas por encima de la mesa, sin tapujo alguno, como en las elecciones intermedias del peñismo (2015) sucedió con el reparto gratuito de millones de pantallas de televisión, para adaptar a esos usuarios a la digitalización de señal. La Secretaría de Desarrollo Social del gobierno federal, y las correspondientes instancias en los gobiernos estatales, se han convertido en maquinarias electorales que transforman la pobreza de la gente en votos.

—᠕—

Ingeniero Gómez, 44 años, hotelero, Premio Estatal al Buen Ciudadano

Yo fui precandidato varias veces. Y una vez, candidato. Con eso tuve. Quería aportar algo a mi ciudad. De veras. Bien menso. Mi lema era: «Humildad y sinceridad». Pues, ¿cómo iba a ganar así? No era ambición de dinero. En mi casa, gracias a Dios, siempre hemos tenido un poco más de lo que en realidad necesitamos. Terminé la carrera, le entré a manejar un negocio familiar que deja buenos centavos y me pegó la comezón de hacer algo por los demás. No es posible que todo esté de la fregada y nosotros nomás nos la pasemos quejándonos. «¿Qué tan difícil será el hacer las cosas bien, si uno tiene buenos principios y no es corrupto?», pensé. Pues ándale que busqué un partido y busqué ser candidato. Al principio, todo bien. Muy contentos de tener un nuevo compañero, con muchas ideas y mucho futuro, decían. Pero me tocaba pura chamba. Y a la hora de las candidaturas, los cargos, y no se diga el dinero, uf, la tercera guerra mundial. Cuánta ambición, cuánta desesperación por el billete. Luego me fui enterando de que casi todos los que andaban en la danza, muy de oposición, muy críticos del mal gobierno, cobraban sus buenos sueldos en oficinas de gobierno. Y recibían permisos comerciales, concesiones de taxis, empleos para sus hijos y familiares. Bueno, hasta para las amantes. Cuando no me dejaban ser candidato me sobaban la espalda y me decían que a la otra. Años después supe que los dirigentes negociaban las candidaturas. Y cuando ya fui candidato, la cosa no cambió. Que no había dinero para publicidad ni para el equipo de campaña. Que lo que llegaba, de las prerrogativas gubernamentales, lo manejaban ellos y no sobraba nada. Que yo tenía que poner de mi dinero. O conseguir por fuera. Ellos tenían algunos amigos empresarios, constructores, dueños de bares y antros, que le podían entrar con varo en efectivo, pero había que estar dispuesto a hacer compromiso con ellos. «Nada es de a gratis», me decía el presidente del partido. No le entré a esos arreglos. Perdí. Feo. Había quienes me apoyaban pero me decían que no podían hacerlo sin pago de por medio. Menos si del otro partido, el que estaba en el poder y allí siguió, estaban repartiendo despensas, camisetas, cubetas y dinero en efectivo. Más que decepcionado, quedé agradecido. Me quedó claritito que la política se ha convertido en una mierda en México. Ahora veo los toros desde la barrera. Me saca media sonrisa escuchar a los políticos, a los que prometen mil cosas, a los que juran y perjuran. Yo creo que en la esencia humana está el riesgo de la mentira, de la perversión, del retorcimiento. Pero en México nos estamos pasando. Así fue mi historia. Y ya. Sigo dedicado ahora a hacer dinero a la buena, luego de ver cómo en los partidos lo hacen a la mala. Son chingaderas. De veras.

—※—

Rechazo violento, desde el primer día de Peña Nieto

La agudización del conflicto social, el desentendimiento profundo y violento entre sectores de la sociedad y el aparato gobernante tuvo banderazo sexenal de salida desde horas antes de que Enrique Peña Nieto rindiera protesta formal del cargo de presidente de la República, el primero de diciembre de 2012, en el Palacio Legislativo, en la capital del país (aunque, en los hechos, la transferencia de poder se había realizado, en términos prácticos y entendibles, al final del día anterior).

De madrugada se encaminaron hacia ese Palacio Legislativo (conocido como San Lázaro por su ubicación geográfica) grupos de ciudadanos deseosos de mostrar activamente su repudio a la toma de posesión del exgobernador del Estado de México, quien durante su campaña presidencial había reivindicado ante estudiantes de la Universidad Iberoamericana su decisión de ordenar el uso de la fuerza pública (un uso excesivo, violador de derechos humanos, abiertamente represivo) contra pobladores de San Salvador Atenco, el 3 de mayo de 2006, en el mismo Estado de México. («Memorias de una infamia. Atenco no se olvida», Adolfo Gilly, *La Jornada*, 9/5/2006).

Fue inmediata la reacción que entre jóvenes y estudiantes produjeron las palabras de Peña Nieto («Peña Nieto, amarga lección en la Ibero, Jesusa Cervantes, *Proceso*, 11/5/2012), de tal manera que este hubo de buscar una salida alterna de esa universidad ubicada en Santa Fe, una de las zonas de más lujo de la metrópoli capitalina, e incluyó en su descontrol un episodio en el cual llegó a afirmarse que se había refugiado provisionalmente en los servicios sanitarios de la institución.

Al estilo discursivo del diazordacismo, voceros del candidato priista pretendieron adjudicar lo sucedido en la Universidad Iberoamericana a infiltrados y provocadores, ante lo cual, con jóvenes que daban en video su cara, nombre y número de credencial como alumnos, surgió el movimiento YoSoy132, que llegó a agrupar a universitarios de otras instituciones, incluyendo la Universidad Nacional Autónoma de México (UNAM).

La protesta en San Lázaro fue violenta ese 1 de diciembre de 2012. El director teatral y activista, Juan Francisco Kuykendall Leal, recibió en el cráneo el impacto de un proyectil disparado desde las filas de policías federales y militares que, parapetados tras vallas metálicas, lanzaron latas de gas lacrimógeno y, según algunos, balas de goma, contra cohetones, bombas molotov y piedras de los manifestantes. («¿Qué pasó el 1 de diciembre durante la toma de protesta de EPN?», Dulce Ramos, *Animal Político*, 4/12/2012).

Consumado el protocolo de la instalación de Peña Nieto, los grupos opositores caminaron hacia el Centro Histórico de la Ciudad de México, donde se libraron otros enfrentamientos y los mandos policiacos mostraron formalmente las técnicas que utilizarían durante el sexenio: el encapsulamiento de los manifestantes (es decir, ir segmentando a los participantes y, en determinado momento, rodearlos o impedirles salir de un tramo señalado mediante agentes antimotines bien equipados) y la utilización de provocadores para desordenar y deslegitimar las protestas, una táctica bien conocida pero ahora convertida en política casi oficial. («Los disturbios y el siniestro montaje del 1 de diciembre», Patricia Dávila y Santiago Igartúa, *Proceso*, 8/12/2012).

Aquella tarde del 1 de diciembre terminó con actos de vandalismo contra establecimientos comerciales y bancarios, pintas en cantera y paredes y otros actos de violencia urbana que permitieron una arremetida mediática contra los «anarquistas», término este usado con frecuencia, pero sin propiedad conceptual, para caracterizar a grupos de embozados en los cuales participan, en proporciones que son difíciles de calcular, jóvenes decididos de manera natural, con motivaciones ideológicas, a romper todo lo que represente el estatus que genera marginación, injusticia e inviabilidad y, por otra parte, infiltrados gubernamentales enviados a marchas y manifestaciones para estropearlas, dar motivo a detenciones y procesamientos judiciales, y propiciar el cañoneo mediático contra una violencia juvenil «injustificada».

Protestas, proporcionales a la ineficacia gubernamental

De ese 1 de diciembre de 2012, a enero de 2017, consumidas dos terceras partes del periodo peñista, las protestas se han multiplicado y han subido drásticamente de tono. Cada semana se producen hechos deplorables de diversa índole que confirman a segmentos sociales que no hay leyes, gobiernos ni instituciones que estén funcionando para bien de la población. Bastaría con revisar el rubro de la inseguridad pública, y en especial el grado de dominio que ejerce el crimen organizado, para reprobar a los gobiernos actuales, pero el abanico de incumplimientos y ofensas graves es más amplio, diríase que casi abarca la totalidad de lo posible, lo mismo en ámbitos de contaminación ambiental extrema en la capital del país que en la insolente difusión de aspectos de la vida lujosa de la esposa de Peña Nieto y de miembros de las familias de ambos. («EPN, Angélica Rivera y su vida de lujo», Berenice Sevilla, Arsenal, *Diario Digital*, 12/4/2015).

La limitada capacidad intelectual y discursiva del ocupante de Los Pinos y sus descuadradas participaciones en actos internacionales han minado la respetabilidad de la figura central del sistema político mexicano. Su gabinete poco le ayuda, dedicada la mayoría aplastante de las carteras a crear sus propios problemas y confrontaciones con la sociedad, metidos muchos de esos altos funcionarios en la gestión de negocios que los benefician, totalmente distantes de un sano interés popular, al igual que la absoluta mayoría de los gobernadores de los estados.

En ese marco de quebranto y destrozo se mueve México, roto lo que alguna vez se entendió como «pacto social», diariamente en riesgo de que una tragedia acelere confrontaciones mayores, prendida con alfileres la premisa de la gobernabilidad, desmanteladas las actividades económicas estratégicas de la nación y el aparato suministrador de bienestar social, fluctuante el ánimo social entre la indignación insuficientemente organizada y un conformismo ácido.

Así está nuestro México, país fracturado, sometido a diarias agresiones, harto de demagogia, que cada día reconstruye el milagro de su continuidad, puesto de pie a pesar de todo, esperanzado en algo que no alcanza a definir, instalado en una mezcla de pasividad, ironía, cinismo, rabia contenida y un enorme deseo de avanzar, de mejorar, de reconstituirse.

‑⁄\‑

Rosales, 27 años, de Neza, ingeniero en computación, desempleado

Allí estuve ese primero de diciembre. Quería mentarle la madre a Peña Nieto lo más cerquita de donde iba a rendir protesta. Obvio que no nos dejaron acercarnos ni tantito. Había unas vallas metálicas de aquellas: altas, soldadas al piso, nomás con unos cuadritos como ventanitas para que esos perros vieran por dónde andábamos. Y toda la flota maciza del Estado Mayor Presidencial, los soldados y policías de todas las corporaciones. Nosotros llevábamos lo que podíamos, sobre todo bombas molotov, cohetones y muchas ganas de que supieran que estábamos encabronados. Rompimos concreto para aventar pedazos, como piedras, a los guarros jijos de la chingada. No se la esperaban tan cabrona de parte nuestra. Han de haber pensado que íbamos a ir poquitos y menos acelerados. Pero toda la raza estaba con ganas de aventar madrazos. Ya sabíamos que no íbamos a impedir que el Peña se agandallara el cargo, pero queríamos que él supiera que no se la íbamos a dar tan barata. Yo, en cierto momento, sí soñé que el pueblo se levantaba, que el ejemplo de lucha que dábamos los jóvenes iba a prender y que se iba a votar de manera aplastante, sin margen para el fraude, por otro candidato, el de la izquierda reformista. No es que fuera el mejor. Simplemente era el menos peor. Pero fuimos viendo que nones, que no pasaba nada. Otro fraude y otra vez el llamado a seguir confiando en las elecciones. Puro verbo. Por eso decidí ir a San Lázaro a rompernos la madre. Paliacate en el rostro, artefactos en la mochila y a darle desde temprano. Claro que hay infiltrados. No los detecta uno de inmediato, pero sí hay. Pero no es cierto que la violencia nomás fue de parte de esos infiltrados. Yo, por ejemplo, no pertenezco a ningún grupo ni partido, mucho menos al gobierno. Y fui y sigo yendo a las marchas y manifestaciones porque me gusta destrozar.

Así me desahogo. Nadie me manda ni me paga, ¿para qué, si yo lo hago porque sí? Es que tengo un encabronamiento profundo. Bueno, si le quieres llamar «resentimiento social», está bien. Ponle la etiqueta que quieras. Has de ser de esos intelectuales «florecita». El hecho es que estoy hasta la madre de todo. Este sistema ya valió madres, pero sigue adelante como zombi. Me caga la prepotencia. Me zurran los polis, los burócratas, los funcionarios, los políticos y todo el choro que lanzan. No sé qué va a ser de mí. Cada mañana que salgo de mi pinche colonia proletaria me pregunto si voy a regresar con vida. Hay tantas chingaderas en el camino que ya es una hazaña seguir a salvo. De mi padre sé muy poco. Nos dejó cuando yo estaba chavito, tenía cinco años. Sé que es licenciado y que gana su feria más menos. Mi jefa tuvo que sacar la casa adelante, trabajando fuera, dejándome encargado con tías, amigas o con quien se pudiera. Hasta que entré a la preparatoria y a partir de ahí ya hice yo mi vida por mí mismo. A mantenerme y, como dicen, a pagarme yo mis vicios. Que son pocos, la mera verdad. Gasto más en libros que en alcohol. La mota y las drogas no me llaman, la neta. Pero un buen mezcalito sí me lo receto cada fin de semana o dos o tres veces entre semana. No le estoy dando vueltas ni evadiendo. Ya te dije que sí, que a mí me gusta romper vidrios, destrozar, pintarrajear. Es mi forma de venganza. ¿A qué más le tiro en la vida? A nada. No voy a ser rico ni famoso ni importante. Solo voy a reproducir la cadena de jodidez en la que nací. Por eso, cuando puedo, suelto madrazos en los cajeros automáticos, rompo fachadas de almacenes, le aviento una piedra a un antimotines. Pero no te equivoques, no es valemadrismo ni soy un lumpen. Quiero acelerar las contradicciones de este pinche régimen. Busco que haya violencia porque solo así van a cambiar las cosas. Algunos tenemos que caer. Tal vez uno de ellos sea yo. No importa, porque solo arriesgándonos, entrándole, es como se va a generar el estallido que ilumine, depure y nos lleve a mejores niveles de vida. Es violencia necesaria.

Sublevante desigualdad socioeconómica: paraíso para algunos, infierno para muchos

Juvenal López Lucas fue detenido en la ciudad de Oaxaca, en septiembre de 2015, por personal de seguridad de la empresa Nueva Walmart de México, que maneja, entre otras marcas, la de las tiendas Aurrerá. Indígena zapoteco, ayudante de albañil, con 30 años de edad, había intentado robar, en el Aurrerá de Plaza Bella, dos porciones cárnicas y dos pares de chanclas.

De las dos pequeñas charolas de carne, una tenía en la etiqueta la denominación de «costilla de puerco», pesaba 560 gramos y costaba 49.28 pesos; la otra, «trocitos para cocer», 435 gramos y 55.68 pesos. Cada par de chanclas tenía un valor de 129 pesos. En total, el monto del intento de robo fue de 362.96 pesos.

Según sus primeras declaraciones, López Lucas no tenía empleo ni le habían pagado ese día algún trabajo ya antes realizado, contaba con 20 pesos en la bolsa y su esposa, sus dos hijos y él tenían hambre. Llevaban dos días sin comer, según explicó. La carne, dijo, era para comerla. Las chanclas, para venderlas y comprar leche para sus hijos. Fue enviado al centro penitenciario de Santa María Ixcotel acusado de robo, y su caso fue consignado ante un juzgado penal. (*El Imparcial*, 13/9/2015).

Los datos sustanciales del asunto han sido tomados de una nota de Luis Fernando Pacheco, en el periódico *El Imparcial* de Oaxaca, y de un reportaje de Guadalupe Fuentes López en el portal *SinEmbargo*; en este texto se menciona que, según datos de la Comisión Especial de Reclusorios de la Asamblea Legislativa del Distrito Federal, en el país hay alrededor de 7,000 personas encarceladas a causa de estos robos por hambre o extrema necesidad, llamados famélicos.

Así que a la ruptura de lo político ha de agregarse la explosiva desigualdad económica que se vive en México. La gran riqueza del país, su potencial, recursos y capacidades, han sido fuente de enriquecimiento desmesurado para una franja reducida de la población, mientras la inmensa mayoría batalla cotidianamente por la supervivencia.

La corrupción, enzarzada en los procesos políticos mencionados en páginas anteriores, detiene y merma la auténtica vocación emprendedora de negocios, obligados los promotores a hacer contribuciones extraoficiales al aparato burocrático que controla permisos, licencias, sellos, validaciones y que pone mil obstáculos que solo desaparecen con rapidez y puntualidad cuando se unta la mano a los miembros de una larga cadena de funcionarios, jefecillos e incluso empleados de bajo nivel en el organigrama, quienes pueden agilizar o entorpecer trámites conforme su voluntad sea excitada o no con las gratificaciones adecuadas.

La economía mexicana se reduce a un puñado de familias que en la cumbre del sistema concentran los hilos de múltiples firmas y denominaciones. El sistema, por llamarlo así en general, trabaja para ellos y a la vez subsiste y se mantiene por ellos. Controlan lo sustancial de la economía productiva, manejan directa o indirectamente los principales medios de comunicación, sobre todo los televisivos, y suelen ser contribuyentes y condicionantes de campañas electorales y candidatos, siempre en busca de entendimientos previos que den seguridad a sus negocios. («Los 35 mexicanos más ricos», Lourdes Contreras, Zacarías Ramírez y Andrés Tapia, *Forbes México*, 16/12/2013).

Constituyen un poder estable, relativamente ajeno (en lo sustancial) a los vaivenes sexenales, expertos en formas y vías para compartir ganancias con los políticos adecuados, beneficiarios de un régimen que les permite siempre caer bien parados, como suele decirse en el habla popular, protegidos su trayecto y aterrizaje por el hecho de formar parte de la primera clase, la privilegiada, del transcurrir nacional.

Slim y la élite económica nacional

Claro que los supermillonarios también sufren. El 1 de marzo de 2016, por ejemplo, la revista *Forbes* dio a conocer la lista de las personas más ricas del mundo. En esa relación aparecen 14 mexicanos, encabezados por Carlos Slim Helú, quien cayó al cuarto lugar, cuando en otras ocasiones ha estado en el segundo e inclusive el primero. Según los reportes de la citada publicación, el tropiezo de Slim se debió a la pérdida de unos 27,100 millones de dólares durante 2015 y principios de 2016.

En ese contexto de menoscabo patrimonial, dos potentados mexicanos ya no pudieron encontrar su nombre en la apreciada relatoría de *Forbes*. Pero allí siguieron Germán Larrea Mota y Velasco, dueño de empresas mineras (Grupo México), que han tenido accidentes memorables, como el ocurrido el 19 de febrero de 2006, en Pasta de Conchos, Coahuila, donde no hubo dinero ni voluntad para rescatar los cuerpos de 65 trabajadores sepultados tras el derrumbe de una mina («Pasta de Conchos: el convenio que provocó 65 muertes», Arturo Rodríguez García, *Proceso*, 24/3/2016); Alberto Baillères González (grupo BAL, Palacio de Hierro, empresas petroleras); Eva Gonda Rivera, accionista de Femsa (la principal embotelladora de Coca-Cola en el mundo) y de las tiendas Oxxo; María Asunción Aramburuzabala, quien fue heredera de las acciones mayoritarias del Grupo Modelo, luego vendido a una firma extranjera; Jerónimo Arango, cofundador de la cadena de almacenes Aurrerá, luego fusionados con Walmart; Ricardo Salinas Pliego, principal accionista de Televisión Azteca, Banco Azteca y Grupo Elektra; Antonio del Valle Ruiz, exbanquero ahora dueño de Mexichem, la principal productora de tubos de plástico en el mundo, partícipe en otros negocios de la industria química; Emilio Azcárraga Jean, principal accionista del Grupo Televisa; Carlos Hank Rhon, hijo del profesor mexiquense mencionado páginas atrás, principal accionista del Grupo Financiero Interacciones y del Grupo Hermes; los hermanos José y Francisco José Calderón

Rojas, accionistas de Femsa, la embotelladora de Coca-Cola citada líneas arriba; Roberto Hernández Ramírez, presidente honorario del Consejo de Administración de Grupo Financiero Banamex, y quien vendió Banamex a Citigroup; David Peñaloza, dueño de Promotora y Operadora de Infraestructura (Infra), y Alfredo Harp Helú, quien fue accionista de Banamex y actualmente dirige el Grupo Martí, dedicado a la venta de artículos deportivos y a la administración de los centros de ejercicio físico Sport City.

Como puede verse, México es un país con su institucionalidad deshecha, donde, a pesar de que la gráfica del día a día muestra una continuidad del pedaleo conjunto, las partes se dispersan y las metas son distintas. La institucionalidad rota es un problema grave, pues los mexicanos saben por dolorosa experiencia continua que no hay esperanza de redención social en los mecanismos gubernamentales, legislativos y judiciales. Esa convicción corrosiva regula el comportamiento ciudadano: arreglar las cosas por debajo del agua, cuando se puede o, en contraparte, protestar y pelear a fondo, como si no hubiera mañana, porque se sabe que en los cargos públicos están instalados funcionarios que responden a otros intereses y que con frecuencia van a hacer hasta lo imposible por favorecer a quienes ya compraron sus servicios, de tal manera que su comportamiento gubernamental será, de principio a fin, adverso a quienes con buenas o malas maneras vayan siendo capaces de demostrar errores e injusticias.

En esa incapacidad de respuesta gubernamental ante las demandas ciudadanas está la semilla de las manifestaciones desbordadas, de las protestas que mucho molestan a quienes creen estar exentos de las condiciones desvalidas que mueven a algunos a utilizar mecanismos estridentes para tratar de hacerse escuchar. Las contrariedades que provocan las protestas públicas son rigurosamente proporcionales a la incapacidad manifiesta de las autoridades para atender y solucionar civilizadamente las quejas o demandas que les son presentadas.

Es cierto que hay un segmento de quienes protestan convertido casi en industria, con grupos especializados en la demanda de «apoyos» y servicios, pero muchas de las inconformidades materializadas en obstrucciones viales, marchas y plantones, provienen de una insatisfacción legítima ante la conducta corrupta de muchos de los funcionarios que asumen su cargo y facultades como una posibilidad de hacer dinero con rapidez, tanto para ellos como para sus jefes, en una escalera de corrupción que va de oficina en oficina y de jefe en jefe hasta llegar a los más altos niveles burocráticos, generando como contraparte el aleteo, que puede volverse sísmico, de las marchas y las manifestaciones de protesta.

La corrupción es el lubricante de la maquinaria oficial mexicana y, al mismo tiempo, el ingrediente de la complicidad en todos los niveles del gobierno, del más modesto empleado de ventanilla o supervisor de campo hasta la Presidencia de la República. No en vano una de las máximas escritas con tinta de cinismo en nuestros muros internos reza que «el que no transa, no avanza».

―✳―

Gestora de grupos sociales, 44 años, contenta de vivir, «a pesar de todo»

Puras vueltas. Esa es la neta. Ni quien te pele si no le armas un pancho. Vas por las buenas y, si bien te va, algún empleado te da largas. Bla, bla, bla. Verbo y más verbo. Que si el artículo tal, que si el reglamento, que si el papel equis. Y tú ves cómo a otros los atienden como si fueran los patrones. «Pásele, don fulano, siéntese aquí por favor». Porque van recomendados. O porque soltaron su buena lana. Poderoso caballero es don Dinero, ya sabes. Puedes protestar, gritar y patalear tú solito. Pero no te van a hacer caso si nomás eres tú. Si eres mujer, te acusan de histérica, de trastornada y hasta te andan recomendando que te consigas un hombre. Si eres hombre, te advierten que le van a llamar a seguridad e incluso te la hacen más de tos en los trámites. Cambian un poco las cosas cuando ya vas con un grupo, con una organización. Nomás que muchas veces ya dependes de los líderes, de sus arreglos, de sus enjuagues. Hasta una cuota mensual te andan bajando, que para sostener la lucha. Pero ya hay más atención al problema de uno. No se diga cuando las cosas salen en los periódicos o en los noticieros. Ahí hasta los funcionarios te andan hablando por teléfono para ver en qué te pueden servir. Sí, cómo no. Y más si las cosas se complican con tomas de oficinas, marchas y bloqueos de calles. Pero ni así se resuelven las cosas. Es como si estuvieran selladas con cemento. Los funcionarios le mueven para un lado y para otro, pero nomás de palabra. Y los problemas siguen. Entonces uno tiene que subirle de tono. Hasta que, según eso, uno acaba cometiendo un delito. Y entonces sí todo funciona como relojito, pero para mal. Te dejan caer el dizque peso de la ley. Te cae la policía, te siembran droga, vas al bote y ya sabes que te la vas a pasar de la chingada unos añitos. Así nos pasó a nosotros, quesque por andar defendiendo nuestros derechos. Y acá, en la cárcel, está repleto de gente como nosotros. No es que seamos blancas palomitas, es que las leyes nomás se nos aplican a nosotros y los delitos nomás son para nosotros, los jodidos. A mediodía veo las noticias en la tele. Tienen una en el comedor de la cárcel y la prenden desde antes de la hora de la comida. Puros corajes. ¿Quién les cree la bola de mentiras que dicen los funcionarios y los políticos? Y pinches periodistas vendidos, nomás le ponen la pelotita a los del poder para que metan gol. O eso que ellos creen que es gol. México ya se pudrió. Se lo digo yo, desde estas rejas de pudrición. Ya valió madre. Y ya se acabó el rato de la visita. No ponga mi nombre ni diga nada que me identifique porque si no las represalias van a estar cabronas. No me la voy a acabar. Ándele, que Dios lo bendiga. Váyase por la sombrita.

Dinero y cargos, carnada para la oposición rehabilitada

La inserción legalizada del dinero público como motor de la actividad partidista, por encima de la mesa, fue un acierto del régimen cuando se realizó la más importante de las reformas electorales de la etapa posrevolucionaria, con Jesús Reyes Heroles como secretario de Gobernación y José López Portillo como presidente de la República (1976-1982).

Promulgada en diciembre de 1977, la Ley de Organizaciones Políticas y Procesos Electorales (LOPPE) abrió a los opositores las puertas del financiamiento explícito, desde el gobierno, y de la representación proporcional en las cámaras y los cabildos. Ser político «profesional» se consolidó a partir de entonces como una nueva forma, «moderna», de transmutar el activismo opositor en un negocio personal, familiar o grupal, y de llegar a diputaciones, regidurías y senadurías aun con pocos votos, a título de un sentido incluyente que, por razones de Estado, buscaba incorporar a las prácticas políticas convencionales a quienes provenían personal o vocacionalmente de la radical exclusión anterior, la que provocó, por dar dos ejemplos ya clásicos, la matanza de estudiantes y ciudadanos en Tlatelolco, el 2 de octubre de 1968, y la del 10 de junio de 1971, en San Cosme.

Una parte de quienes habían vivido esa época de represión abierta decidió tomar las armas para intentar una vía revolucionaria que jamás cuajó. El Estado mexicano organizó una contrapartida violenta de la policía política (la Dirección Federal de Seguridad, fundada en 1947 durante el gobierno de Miguel Alemán Valdés, y la Brigada Blanca, creada en 1976 para investigar y localizar a los miembros de la Liga Comunista 23 de Septiembre), con la participación de militares que detuvieron, torturaron, encarcelaron, desaparecieron y asesinaron a miles de mexicanos que habían considerado la guerrilla como vía de transformación de una realidad que juzgaban que no tenía salida electoral.

En 2017 se cumplen 40 años de esa apuesta reformista lanzada desde el poder federal para encauzar y controlar a la oposición en México. Cargos y dinero fueron la carnada, envuelta en una amplia propuesta de cambio de las reglas de la participación política.

El antes mencionado secretario de Gobernación, Jesús Reyes Heroles, dio el primer paso a principios de abril de 1977 (López Portillo había asumido la Presidencia de la República en diciembre de 1976, como candidato único, con un PAN que por conflictos internos no presentó candidato, y con el dirigente obrero, Valentín Campa, postulado por el Partido Comunista de México, que no tenía registro). La presentación en sociedad de la convocatoria para construir esa reforma política se realizó en Chilpancingo, Guerrero, de reminiscencias constitucionalistas pero, sobre todo, capital de un estado donde se desarrollaron los movimientos armados de los profesores Genaro Vázquez Rojas y Lucio Cabañas Barrientos, entre otros.

Aquella maquinación aperturista alcanzó altos niveles estructurales 20 años después. En 1997 el PRI perdió el control de la Cámara de Diputados federal y, a partir de esa fecha, se inició una larga etapa de congresos divididos, en la cual la dispersión de votos fortaleció a diputados federales y locales y a senadores de «oposición», al convertirlos en objetos mercantiles acumulables para conseguir los resultados legislativos deseados. La falta de mayorías suficientes para desahogar asuntos importantes en las cámaras otorgó un valor de cambio extraordinario a los partidos pequeños, que así podían inclinar la balanza en determinado sentido.

El arribo inaugural, en 1997, de una forma de izquierda al mando de la capital del país, con Cuauhtémoc Cárdenas como jefe de Gobierno, solo transfirió las prácticas del priismo clientelar, corrupto e ineficaz a una generalidad de operadores con nuevas camisetas (las del Partido de la Revolución Democrática), que décadas después, con todo y el paso, de 2000 a 2005, por ese cargo capitalino del carismático Andrés Manuel López Obrador, seguían hundidos en aguas muy parecidas a las priistas y, en varios casos, peores. Aun cuando en las alturas del poder capitalino había un discurso distinto y en los niveles directivos (secretarías, subsecretarías y direcciones generales) se produjeron nombramientos esperanzadores, las inercias de la maquinaria antigua se mantuvieron, aunque fuera con otras tonalidades

La llegada del panista Vicente Fox Quesada a la Presidencia de la República tampoco significó avances notables. Deslenguado, dado al escándalo más que a la política, concentrado en promover y proteger negocios personales y de su familia biológica y política, el exdirectivo de la Coca-Cola ridiculizó la esperanza de cambios positivos que una parte de la nación depositó en él y acabó apoyando el regreso del PRI a la casa presidencial, Los Pinos, de donde él había sido histórico expulsor. El sucesor forzado, Felipe Calderón Hinojosa, sumió al país en una torva «guerra contra el narcotráfico» que provocó más de 121,000 muertes violentas, según datos de la PGR, y 26,121 personas desaparecidas, según los reportes de la Segob; degradó lo poco rescatable que quedaba del aparato policiaco, militar y judicial, y arrojó al país entero a un proceso de salvajismo deshumanizado que se ha mantenido en los años siguientes, con todo y regreso del PRI al poder. («En el sexenio de Calderón hubo 121,000 muertes», Leticia Robles de la Rosa, *Excelsior*, 12/3/2014. «26,121 personas desaparecidas en el gobierno de Calderón, reporta Segob», Mauricio Torres, *CNNMéxico*, 26/1/2013).

Competir para convalidar, sin cambios reales
Así que, en México, la más notable de las oposiciones al poder (pero la más ineficaz) ha sido la electoral. Año tras año, con una fidelidad casi inquebrantada, los partidos políticos concurren a la arena electoral con la esperanza de mejorar o conservar su

suerte. Durante décadas, las contiendas tuvieron un final tan absolutamente previsible que la mayor parte de la sociedad llegó a creer que era inevitable, fatal: el Partido Revolucionario Institucional (PRI) ganaba todos los puestos ejecutivos importantes, es decir, invariablemente la Presidencia de la República y las gubernaturas, y casi todas las presidencias municipales, salvo una que otra excepción en este plano municipal a causa de revueltas cívicas realmente inmanejables para el poder central.

En las cámaras de los poderes legislativos, integradas por senadores y diputados en el ámbito federal, y solo por diputados en el ámbito de los estados de la República, el PRI reproducía el esquema arrollador, la aplanadora: los priistas mantenían siempre la mayoría suficiente para quedarse con la toma de decisiones, pues presidían y controlaban las comisiones de trabajo realmente importantes y manejaban a los partidos opositores con la benevolencia de un gato jugando con un ratón, promoviendo la existencia de agrupaciones conocidas popularmente como satélites o paleras, vigorosas en sus documentos constitutivos y proclamas, pero dóciles en la operación cotidiana, atenidas a la generosidad que tuviera el priismo para asignarles migajas del banquete mediante fórmulas de filantropía política que les permitían recibir diputaciones «de partido» y, de vez en cuando, algún cargo menor en gabinetes de gobierno, como muestra de «pluralidad» en la peculiar «democracia» mexicana de virtual partido único, el PRI, teóricamente derivado de las ideas y victorias armadas de la Revolución Mexicana, pero siempre pragmático en la conservación del poder mediante malabarismos de toda índole, sobre todo contrarrevolucionarios.

En ese largo periodo, la inexistencia de canales partidistas viables para una auténtica lucha ciudadana contra los abusos de poder fue acompañada de la instalación de una cultura cívica de abatimiento y sometimiento, de burla y cinismo, de doblegada aceptación de la «paz» priista que era impuesta mediante formas suaves, o no tan rugosas, o abiertamente represivas en los casos «necesarios».

Famosa era la fórmula de uno de los principales teóricos de cabecera del priismo (aunque su rudeza conceptual haga que poco se le reconozca como gurú en el instituto tricolor), el potosino Gonzalo N. Santos, símbolo del ejercicio caciquil del poder, quien aplicaba a sus adversarios la doctrina de las tres erres: encierro, destierro o entierro.

Otro personaje de gran influencia en la escuela priista de gobierno fue el veracruzano Fernando Gutiérrez Barrios, militar de origen pero convertido luego en emblemático jefe de la policía política durante el gobierno de Gustavo Díaz Ordaz (1964-1970), y en operador político modélico: una combinación de factores en «don Fernando» (tutor del sonorense Manlio Fabio Beltrones Rivera), que solía ser descrita, en evocaciones ajenas, como el puño de hierro envuelto en guante de seda.

~/\~

El camarada Gonzalo, dirigente de izquierda, 55 años

Pues, por eso, hay que cambiar las cosas desde adentro. Poco a poquito. Gradualmente. Pasos adelante y, cuando se requiere tácticamente, pasitos hacia atrás. El radicalismo no sirve de nada. Bah, infantilismo de izquierda. Es muy fácil pronunciar discursos incendiarios. Lo difícil es negociar, avanzar, conseguir. Sí, así como dices: sentarse a dialogar y a llegar a acuerdos. Eso es la política, no me salgas con mamadas. En la política cada cual llega y plantea qué es lo que quiere y cuánta fuerza tiene para lograrlo. Sí, ándale, para no discutir contigo: las canicas. ¿Cuántas canicas llevas, para jugar a qué? Así son las cosas. Esa es la realidad. Puedes aferrarte a ilusiones, a verborrea, jugarle al «puro», pero no vas a conseguir nada. Es muy simplista tu visión, pero sí: un partido quiere algo, otro quiere algo y, cuando se decide cómo alcanzar eso, pues se llega a un acuerdo. No es reparto de botín, entiende: es que así son las cosas, así es la democracia, ¿cuántos votos o posiciones tienes, cuánto vales en la negociación? Y así se va avanzando. De otra manera, te quedas en la marginalidad, en la intrascendencia. La gente quiere ver resultados. Que les conseguiste algo. Sí, pues, la ideología, los principios, la doctrina, pero, en estos tiempos, los resultados mandan. Sí, como en todos los partidos, hay oportunismo, gandallismo y otros ismos. Y es natural que los familiares vayan ocupando cargos públicos. Si han crecido y se han educado en la lucha, pues es muy explicable que busquen reproducir el camino de los padres. O las esposas, claro. Pero es como en el futbol, o en el espectáculo, ¿ahí no es reprobable que el hijo de un deportista o de un artista siga la tradición familiar? Somos de izquierda, sin duda, pero no extremistas. Ya te dije y te lo repito: sabemos que es necesario luchar desde dentro del sistema para cambiarlo. Insistes en ese tema como si fuera lo más importante: claro que gana uno dinero, los cargos legislativos son bien pagados, basta con que uno ahorre y con el paso de los años ya tiene lo que nunca se imaginó. Y claro que hay todo un equipo profesional de apoyo: secretarias, secretarios, asesores, personal logístico. Pero eso no cambia las convicciones. Al contrario, facilita alcanzar las cosas. Ser de izquierda no significa estar jodido ni buscar que todos estén jodidos. Al contrario, buscamos que haya prosperidad para todos. Comenzando por nosotros, los líderes, dices. Bueno, ¿cómo se puede discutir así de política? Nunca se va a avanzar con el discurso sectario, panfletario, rollero. Hay que trabajar con la realidad, amigo. Con la puritita realidad.

—⧗—

Reforma pendiente, la de los medios de comunicación

A las 10 de la noche del 22 de agosto de 2016, la principal televisora del país, Televisa, cambió el formato y la conducción de su noticiero central. Entró Denise Maerker en sustitución de Joaquín López-Dóriga Velandia, quien había estado al frente del programa informativo durante 16 años. Con ese y otros movimientos, Televisa buscaba remontar el déficit de credibilidad que históricamente ha mantenido pero que, sobre todo a raíz de la movilidad noticiosa en las redes de Internet, era cada vez más evidente y cada vez menos productivo, en términos de audiencia y de la consecuente venta de publicidad. Además, en agosto de 2015 López-Dóriga había sido involucrado en un episodio judicial en el que una de las empresarias más ricas del país, María Asunción Aramburuzabala Larregui, acusaba a la esposa del periodista de aprovechar su fuerza mediática y política para una extorsión, de millones de dólares, relacionada con proyectos inmobiliarios. («Aramburuzabala a López-Dóriga: "No hay negociación posible con un extorsionador"», Jenaro Villamil, *Proceso*, 29/8/2015).

El intento de recomposición de imagen periodística en Televisa provino de una lectura de la realidad que la gran mayoría de los medios tradicionales de comunicación (impresos, radiofónicos y televisivos) debería realizar. En términos generales, el periodismo industrial mexicano, y su vertiente del suministro de análisis y comentarios, se empantanan diariamente en el servicio (servilismo, en varios casos) de los intereses de los poderes gubernamentales que son sus principales anunciantes y, con frecuencia, fuente de contratos y negocios para otras empresas de los dueños de esos medios.

El tipo de periodismo que se ofrece hoy en la mayoría de los medios de comunicación es fuente abundante de encabronamiento. La agenda informativa y el abanico de opinantes están determinados en muchísimos casos por los intereses particulares de los dueños de tales medios, alejados del sentido elemental del equilibrio en la información y el análisis y, afanosamente, lejanos o contrapunteados respecto al requerimiento ético de la crítica al poder.

El déficit es particularmente marcado en el terreno electrónico, radio y televisión, con una clase política, legisladores y gobernantes, dominada por los concesionarios, poco dispuestos a corregir siquiera el esquema de avasallamiento que les imponen esos micrófonos y pantallas a los que temen y no atinan a reformar o someter, como se ha visto en especial en la relación con Televisa.

Es aún muy fuerte el poder de los medios tradicionales de comunicación en la formación de los criterios colectivos sobre los hechos cotidianos, sobre todo los políticos y económicos. Las alternativas a través de Internet nutren y satisfacen a un segmento social que en buena parte ya está dispuesto a la crítica y que busca ser informado sin manipulación, pero el papel de las televisoras de difusión abierta (Televisa, Televisión Azteca y, en ruta de inicio, Imagen) y de los programas radiofónicos, siguen influenciando a la amplia capa de personas que por razones de tiempo, costumbre, e incluso inhabilidad tecnológica, recurren a las fórmulas tradicionales.

No es extraño que en la fiebre de reformismo, condensada en el Pacto por México (firmado en diciembre de 2012 por Peña Nieto y los líderes nacionales del PAN, PRI y PRD), se haya dejado intocado el rubro de los medios de comunicación. Tampoco es inexplicable que Peña Nieto no haya cumplido su promesa de regular y hacer explícitos los mecanismos de asignación de convenios de publicidad con los medios. Tal como funciona la mayoría de estos, son necesarios para la conservación del sistema político y económico vigente.

Mientras no se modifique esa forma de hacer periodismo en México, las posibilidades de un cambio positivo en el sistema seguirán siendo obstruidas. Afortunadamente, hay una generación de periodistas que está utilizando con profesionalismo y calidad los canales de difusión a través de Internet, concentrados en buenos sitios tecnológicos e incluso, de manera reciente, en publicaciones pertenecientes a consorcios extranjeros. Pero es necesaria una reforma profunda en el tema de los medios tradicionales de comunicación, de sus relaciones oscuras con los poderes, del manejo de las partidas gubernamentales, de su compromiso con los lectores y la audiencia, más allá de modificaciones cosméticas.

～〃～

Licenciado Galindo, coordinador de comunicación social, edad indefinida

Pues déjame decirlo así: es dinero tuyo. Aunque no lo agarres. Ya salió a tu nombre y yo te tengo en la lista de los amigos de mi Coordinación de Comunicación Social, aceptes o no aceptes. No implica nada: tú vas a seguir publicando tus notas como hasta ahora. Un reportero objetivo, imparcial, responsable. Con que no le pegues al jefe es suficiente. Y yo sé que tu estilo verdadero no es el de golpeador: que cuando quieres puedes ser cuidadoso y amable. Por eso quiero que quieras. Y, de vez en cuando, una ayudadita. No publicar lo que sus enemigos quieren difundir para perjudicar al jefe. O ponerle un toquecito generoso a la nota o al detalle que le da colorcito, para que él se sienta a gusto. Es dinero tuyo, de veras. Ya salió de donde tiene que salir, ya está libre de polvo y paja. Como lo ves: en efectivo, sin firmar nada y nomás entre tú y yo. ¿Qué más quieres? Piensa en lo que puedes hacer con él, con una entrada mensual ya asignada. Así es este negocio. Lo que pasa es que tú estás chavo y vienes todavía con las ideas raras que les meten en las escuelas de periodismo. Pero la realidad es esta que ves. Todo mundo le entra. No hay a quien le amargue un pan. Lo importante es que seamos amigos, que nos reunamos, incluso, de vez en cuando con el jefe. Una comidita o una cena con sus alcoholes de buena marca, para entrar en confianza. Además, tengo que decirte una cosa con claridad, para que veas que mis intenciones son buenas: este dinero ya no se regresa a ninguna parte. Ya salió. Yo lo estoy manejando, y si tú no lo aceptas y te mantienes en esa postura de presunto héroe de la libertad de expresión, es como si tu dinero me lo regalaras. Porque nadie va a saber que lo rechazaste. Yo me quedaré con él. Y, en todo caso, yo tendré que hablar con alguien más arriba que tú, que también recibe su sobre mensual, para que cuide tus notas y las acomode a lo que yo necesito. Así que no le pienses. Agarra tu dinero. Así son las cosas.

QUINTA PARTE

Candidatos, partidos, promesas
y contrastes: la zanahoria electoral

López Obrador y Morena: la vocación de perdonar
El jueves 11 de agosto de 2016, Andrés Manuel López Obrador
dio a conocer su chirriante decisión personal de conceder «amnistía anticipada» a los miembros del «grupo en el poder», a los que
durante largos años había llamado «la mafia del poder». («De ganar
2018, AMLO promete amnistía para la "mafia del poder"», Misael
Zavala, *El Universal*, 11/8/2016).

Aún no era candidato presidencial, aunque ya se asumía abiertamente como tal dado el control absoluto sobre el partido creado por él, en donde nadie le disputaba tal postulación ni ningún
tipo de decisiones importantes. Tampoco tenía valor legal dicha
declaración, pues en términos jurídicos él en ese momento solo
era presidente del comité nacional del partido Movimiento
Regeneración Nacional (Morena) y, para estar obligado a cumplir
ese compromiso político de desmemoria respecto a infractores
de la ley, se necesitaría que ganara las elecciones de 2018 y que,
habiendo llegado a la Presidencia de la República, no encontrara

alguna fórmula para incumplir tan arriesgado ofrecimiento de perdón a quienes han dañado al país.

No había sido una ocurrencia ni palabrería circunstancial, emitida tal vez al calor de una entrevista periodística de las llamadas «banqueteras». Por el contrario, la propuesta de la «amnistía anticipada» formó parte de una ponencia que se pensó y elaboró para ser leída ante una concurrencia marcadamente empresarial, en un hotel de lujo de Acapulco, Guerrero, donde una empresa boyante, el Grupo Autofin, de Juan Antonio Hernández Venegas, organizó un ciclo de conferencias con personajes mexicanos para darle realce al complejo turístico Mundo Imperial, un desarrollo inmobiliario relacionado con los espectáculos, el deporte y el entretenimiento, en el que invirtió más de 4,000 millones de pesos.

La ponencia se intituló «Cambio y porvenir de México (una visión hacia el 2018)» y puede leerse completa en la página oficial www.lopezobrador.org.mx. Por presentarla en el hotel Princess, en el marco de la «Era familiar Princess 2016», López Obrador recibió 20,000 dólares, según comentó semanas atrás a Ciro Gómez Leyva durante una entrevista para Radio Fórmula.

Fueron también ponentes, no se sabe si con el mismo pago, tres de quienes han vivido en Los Pinos: Carlos Salinas de Gortari, Vicente Fox Quesada y Felipe Calderón Hinojosa; la esposa de este, Margarita Zavala Gómez del Campo, ahora aspirante a ejercer a título propio la Presidencia de la República; el secretario de Gobernación y, hasta ese momento, principal carta priista para la sucesión según algunas empresas encuestadoras, Miguel Ángel Osorio Chong; el entonces secretario de Desarrollo Social y precandidato presidencial priista, José Antonio Meade Kuribreña; el secretario de Turismo, Federico de la Madrid, hijo de un expresidente ya difunto; Claudia Ruiz Massieu Salinas de Gortari, sobrina del expresidente y secretaria de Relaciones Exteriores; el jefe de Gobierno de la Ciudad de México, Miguel Ángel Mancera, y los gobernadores de Puebla, Rafael Moreno Valle; Jalisco, Aristóteles Sandoval, y Guerrero, Héctor Astudillo, entre otros.

Es probable que en ese contexto empresarial y político y con esos ponentes (en días distintos), los seguidores del político tabasqueño hubieran agradecido un gesto de congruencia sin confusiones respecto a la larga batalla contra la «mafia del poder». Pero López Obrador prefirió hacer guiños a esa clase política desprestigiada e insistió en otorgar una «amnistía anticipada» a los causantes de la desgracia nacional, envuelto ese concepto clave en referencias sobre el perdón, el amor, la búsqueda de la justicia y el rechazo a la impunidad.

La tesis había sido planteada en 2010 por el propio López Obrador en su libro *La mafia que se adueñó de México... y el 2012*, en cuya página 190 estableció: «[...] les decimos a los integrantes de la oligarquía que, a pesar del gran daño que le han causado al pueblo y a la nación, no les guardamos ningún rencor y les aseguramos que ante su posible derrota en 2012 no habrá represalias. Declaramos esta amnistía anticipada porque lo que se necesita es justicia, no venganza». Esa misma frase fue utilizada en la ponencia presentada en la «Era familiar Princess 2016», solo cambiando el «2012» por «2018» y agregando cuatro palabras a la mención de que «no habrá represalias», para que quedara así: «No habrá represalias o persecución para nadie».

A diferencia de 2010-2012, la «amnistía anticipada» de 2016-2018 causó revuelo y fue criticada incluso en espacios tradicionalmente proclives a la izquierda y a los esfuerzos políticos de AMLO. Tal vez las palabras del virtual candidato presidencial hayan tenido una connotación distinta en 2010 debido a que las circunstancias eran distintas entonces, y ahora requerían una lectura política más precisa y no solamente la repetición rutinaria de textos sin el nuevo contexto: en 2016, rumbo a 2018, la mexicana era una población muy molesta con los políticos y la clase política, específicamente con esa «oligarquía», es decir, con lo que López Obrador había venido señalando con fogosidad como «la mafia del poder». («López Obrador: ¿por qué hay que frenar la caída de Peña Nieto?», *La Izquierda Diario*, 9/9/2016. «¿Por qué AMLO ya no ataca a Peña?», Salvador García Soto, *El Universal*, 13/10/2016).

Al copiar y pegar sus palabras de seis años antes, e incluso explicar que esa misma postura provenía de aun más atrás, de 2006, el político tabasqueño no escuchó ni atendió al México encabronado y, al distanciarse de ese fenómeno encendido y creciente, puso en riesgo la oportunidad genuina de capitalizar tan rotundo descontento social, el mismo que tramposamente habían aprovechado políticos de falso sentido justiciero, como el neoleonés Jaime Rodríguez Calderón o el veracruzano Miguel Ángel Yunes Linares, quienes, a pesar de sus evidentes y sabidos expedientes oscuros, consiguieron muchos votos con la simple promesa de meter en la cárcel a sus antecesores. («Denuncian a Yunes Linares ante la Fevimtra por corrupción de menores, pederastia y trata», José Antonio Román, *La Jornada*, 17/5/2016).

Tan solo con ver a un político pillo tras las rejas...

Es tanto el encabronamiento generalizado, que votantes pragmáticos hubo que solo esperaban, al dar su sufragio a una persona que suponían los iba a frustrar en casi todo lo demás, que les otorgara el gusto de la venganza necesaria, irracional y tal vez efímera, sin mayor consumación, de ver a alguno de los pillos, saqueadores y cínicos tras las rejas, en un regalo gráfico simplista pero muy necesario para los ánimos sociales tan dolidos con los políticos en general.

El episodio de la «amnistía anticipada» a la «mafia del poder» mostró las limitaciones del proyecto político masivo más crítico de los poderes constituidos y el que ha contado con mayores posibilidades de generar una alternancia de partidos fuera del esquema gemelar del PRI y el PAN.

En especial, a mi juicio, dicho episodio de la «amnistía anticipada» resaltó dos aspectos medulares que ayudan a entender el estancamiento cívico en México y la improcedencia de la lucha electoral, en sus términos actuales, como mecanismo para una sana transformación nacional: por un lado, la dependencia lineal de organizaciones sociales y políticas respecto de las decisiones personales de liderazgos con tintes caudillistas o impositivos y, por otra parte, la perturbadora convicción de continuismo del sistema, así sea «mejorado» en ciertos aspectos, que mantienen las formaciones de «izquierda».

El primer punto tiene como consecuencia la inhibición, disfrazada o no, de formas de participación y decisión sociales, relegando a los individuos a un papel utilitario de militantes, promotores y votantes, mientras una élite o, en el peor de los casos, una persona, define, conforme a su brújula particular, las rutas a seguir y las estrategias a practicar. Ya sea de izquierda, derecha o centro, la participación política se escamotea a la mayoría de los ciudadanos por camarillas cuyos miembros se reciclan como candidatos, dirigentes, legisladores, funcionarios o gobernantes.

Esa falta de construcción plural de los instrumentos de poder hace que los intereses de dichas colectividades no sean bien atendidos y defendidos por los líderes más que en coyunturas que así lo requieran, o en circunstancias discrecionales de generosidad personal de esos dirigentes, no como consecuencia de movimientos sociales organizados que regulen la conducta de aquellos a quienes llevan al poder y los obliguen a atender compromisos políticos como tales, no como concesiones personales.

La lucha por los votos, lo que en otras ocasiones he llamado «la zanahoria electoral», ha sido largamente separada de las luchas sociales, sobre todo de las más críticas y polarizantes, por los buscadores del placer de las urnas.

La esencia contradictoria del planteamiento de López Obrador está en la relación impunidad-amnistía. El encabronamiento nacional no busca ni pretende actos de barbarie vengativa ni de utilización forzada o tramposa de las facultades legales para castigar en exceso y de manera indebida a los oponentes legales. Pero el ojo por ojo y diente por diente dio paso, históricamente, al establecimiento de reglas conceptuales y procesales en busca de algo llamado justicia. No debería ser opcional, y menos para un político que pretende representar y dar cauce a esas aspiraciones clamorosas de justicia, el otorgar a título personal una política de borrón y cuenta nueva a favor de quienes tanto han dañado a la nación.

Menos si, como plantea López Obrador, el ofrecimiento de amnesia legal proviene de cálculos electorales («desactivar» a la «mafia del poder» que en dos ocasiones le cerró el paso rumbo a la silla presidencial y le impidió, con malas artes, llegar a ocuparla) y de necesidades políticas operativas en el presunto caso de llegar al poder (negociar con esa «mafia» para «ver hacia adelante» y, al «perdonar» los actos de esos «mafiosos», permitir la «gobernabilidad» del nuevo presidente de la República, amoroso y olvidadizo).

Obviamente, a esa cruda fórmula específica de la «amnistía anticipada» se le adjuntaron frases genéricas esperanzadoras. En la misma ponencia del Princess, AMLO postuló: «Declaramos esta amnistía anticipada porque lo que se necesita es justicia, no venganza [...]. Respetamos a quienes sostienen la máxima de "ni perdón ni olvido", pero no la compartimos. Podríamos decir: olvido no; perdón sí. En esta virtud, igual que en la honestidad, reside la esperanza de un mejor porvenir. Si hacemos a un lado el odio y optamos por el perdón, podremos caminar con el emblema de la honestidad hacia una sociedad mejor».

No «empantanarse» en persecuciones

En su página de Facebook, el mismo dirigente y virtual candidato presidencial defendió su «postura política» respecto a la mencionada amnistía y estableció que quienes la criticaron lo hicieron movidos por el «enfado» y el «enfurecimiento». Añadió otra frase esclarecedora: «Además, comprendan que si nos empantanamos en persecuciones perderemos el tiempo. Justicia, no venganza».

El punto de la «amnistía anticipada» no pareció afectar al voto duro de un candidato con amplia base popular y, al momento de escribir estas líneas, el único personaje político de primer nivel con una postura sostenida y creíble de rechazo a la conducta de la clase política mexicana.

Presidente del comité estatal del PRI en su natal Tabasco (1989), y —entre 1990 y 1995— ocupante de algunos cargos medios en administraciones priistas en esa misma entidad y a nivel federal, AMLO ha sido políticamente invulnerable gracias a una honestidad personal que ha resistido escrutinios diversos. Su prueba de fuego fue el paso por la jefatura de Gobierno del entonces llamado Distrito Federal (ahora se le denomina, oficialmente, Ciudad de México), cuyo presupuesto y facultades han constituido un manjar irrechazable para muchos de los ocupantes de ese cargo.

Los errores, incongruencias y fallas que sus adversarios le pudieran encontrar o magnificar, resultan absolutamente perdonables para sus fieles seguidores, a quienes motiva el discurso recurrente de su líder pero, sobre todo, su imagen de honestidad hasta ahora irrefutable. En un México dañado hasta el tuétano por la corrupción, habitado por hordas de políticos en plena depredación presupuestal, con ciudadanos que participan en esos procesos corruptos por necesidad, comodidad o culturalidad (esto, conforme a lo dicho por el propio Enrique Peña Nieto), la figura de alguien que no roba ni ha robado es motivo de firme adhesión.

En ese sentido, López Obrador es el mayor generador de expectativas de cambio, con una presencia mediática continua y una campaña electoral permanente, aprovechando los espacios partidistas de propaganda (fotografías, espectaculares y, sobre todo, *spots* en televisión).

A juicio de quien teclea estas líneas, López Obrador fue despojado de un triunfo claro en 2006 y, aun cuando los métodos fraudulentos fueron otros en 2012, generando incluso una manipulada distancia en votos depositados, que era mayor que seis años atrás, considero que la inclinación popular era también más favorable para López Obrador aunque, como sucedió frente a Felipe Calderón, las instituciones encargadas de organizar y de juzgar esos procesos electorales decidieron cerrar los ojos ante irregularidades graves —como la del Caso Monex—, delictivas, y negar la victoria al tabasqueño. («Monex-PRI: papa caliente», Carlos Fernández-Vega, *La Jornada*, 13/7/2012).

Su honestidad personal, y las evidencias de que le ha sido arrebatada en dos ocasiones la Presidencia de la República, constituyen poderosos factores de apoyo, apasionado y a veces fanatizado, a un personaje carismático que ha tenido una vigencia central en la política mexicana durante más de dos décadas.

Sin embargo, y ello es una parte sustancial del abordaje del tema que aquí se ha hecho, las virtudes individuales de López Obrador no se han transferido automáticamente a sus creaciones políticas. Su enorme capital electoral es personalísimo, y como tal lo ejerce, sobre todo ahora que cuenta con un partido político diseñado y dirigido bajo una evidente concentración de poder en sí mismo.

Esa acumulación de fuerza política en torno a alguien con vocación y circunstancias propicias para el caudillismo ha impedido el crecimiento de figuras que pudieran sostener una sana y vigorosa discusión interna e incluso plantearse como aspirantes a un relevo natural.

La falta de figuras con fuerza se hizo evidente en diciembre de 2013, cuando estaba en su fase final de aprobación la reforma energética, contra la cual se habían realizado movilizaciones y protestas constantes. En un tramo en que era fundamental su presencia y mando para hacer un último esfuerzo, seguramente fallido, contra esa aprobación que iba viento en popa en los salones legislativos, López Obrador sufrió un infarto agudo al miocardio, del que afortunadamente se pudo reponer. Tal como sucede hasta la fecha, en aquel cierre de 2013 no había políticos con el empaque suficiente para tomar en su ausencia física el timón, de tal manera que, desde su cama de hospital, el conveleciente envió instrucciones a través de uno de sus hijos y le encargó la supervisión de esas encomiendas.

En aquellos momentos críticos había tres personajes principales con posibilidades de un relevo: Martí Batres, quien meses después sería el primer presidente del comité nacional de Morena, con López Obrador como presidente del consejo nacional, y, sobre todo, Marcelo Ebrard Casaubon y Ricardo Monreal Ávila. Ebrard fue jefe de Gobierno de la Ciudad de México, de 2012 a 2016, y disputó hasta el final la candidatura presidencial de 2012, que finalmente quedó en AMLO, y Monreal fue gobernador del estado de Zacatecas, de 1998 a 2004, y posee una amplia experiencia como legislador federal.

Ebrard se fue a vivir a París en junio de 2015, en una especie de autoexilio tras los abiertos amagos de acción judicial en su contra por las fallas técnicas y las presunciones de corrupción en el proceso de construcción de la línea 12 del Metro de la Ciudad de México, a la que aspiracionalmente se denominó «dorada».

Más allá de la certeza de tales acusaciones, que tuvieron una enorme difusión mediática, como suele suceder en México cuando hay consigna superior para que los medios actúen en determinado sentido, en el medio político se ha hablado de que Peña Nieto ejecutó una venganza contra Ebrard, bajo la presunción de que este habría filtrado datos importantes respecto a la Casa Blanca de Angélica Rivera Hurtado.

Monreal se ha sostenido en un segundo plano en el estado mayor de López Obrador; ganó las elecciones para presidir el gobierno de una de las demarcaciones de la Ciudad de México (delegaciones políticas, se les llama), la Cuauhtémoc, cargada de graves problemas, y su objetivo es la gubernatura de la Ciudad de México. En esas condiciones, Monreal está presente en la fotografía del grupo central lopezobradorista, pero con impugnaciones internas por su presunta condescendencia con el PRI, su partido de origen, y con el PRD, el partido en el poder capitalino, del cual se escindió lo que ahora es Morena.

De movimiento social a partido político

Este partido, Movimiento Regeneración Nacional (Morena), es la vertebración institucional de una tendencia social que, a partir de lo electoral, sobre todo en los comicios presidenciales de 2006, se movió durante años entre las aguas de las siglas partidistas y los arreglos con sus dirigentes gananciosos, sobre todo con el Partido de la Revolución Democrática, al cual perteneció López Obrador y del que fue presidente nacional.

Aun cuando formalmente se aprobó en una plaza pública, a mano alzada, la conversión de ese movimiento social-electoral en un nuevo partido, Morena, todavía se discute si fue pertinente tal encajonamiento de una fuerza social, sin etiquetas, en los cauces restrictivos de un partido como tal, financiado con dinero público y con una postura explícita de convalidación y sostenimiento de un sistema político, de un régimen al que en todo caso solo se aspira a reformar, a «regenerar», particularmente desde una visión directiva mística.

La centralidad andresina en la que se mueve Morena ha llevado a una extraña apuesta en las elecciones que ya han correspondido al nuevo partido. Todos los candidatos a gobernadores, diputados locales y presidentes municipales han hecho campaña con material propagandístico en el que por sistema ha aparecido el propio López Obrador. Pero, además, la gran mayoría de esos abanderados no han tenido en sus ámbitos locales ni un remoto acercamiento a las cifras electorales o a los grados de aceptación en encuestas de opinión que logra el máximo jefe nacional.

La escuálida cosecha en las urnas estatales (una excepción notable ha sido Veracruz, de lo que se hablará más adelante) tiene como referencia la aparente falta de cuadros para jalar el voto ciudadano inconforme, francamente encabronado en algunos lugares, anhelante de alguna opción menos peor que las presentadas por PRI, PAN O PRD. («Morena sube al top 3 de fuerzas electorales en estados que tenían dominio priista», *Animal Político*, 6/6/2016).

Paradójico resulta que un movimiento con tantos años en la brega, con tanta experiencia electoral acumulada y con un líder único recorriendo semana tras semana el país, siempre con un esquema de mítines clamorosos en torno al dirigente, no encuentre a los líderes locales que puedan ser exitosos candidatos a gobernadores, presidentes municipales y diputados.

¿Elecciones democráticas de candidatos o dedazos?
En cambio, Morena ha implantado un peculiar sistema de designación de candidatos que privilegia la discrecionalidad del mando único, en un esquema que llevó a quien teclea estas líneas a preguntar con insistencia en Twitter, dos años atrás, si esos candidatos provenían de asambleas democráticas o de simples dedazos.

En realidad, hay una fórmula de enmascaramiento: se anuncia que hubo encuestas de opinión (con todo lo que en este país significan esas encuestas, siempre acomodables al gusto del cliente) a partir de cuyos resultados, que se dan a conocer al órgano partidista correspondiente, se designa un «promotor de la soberanía nacional» (PSN) en el estado o el municipio del que se trate. Ese es el santo y seña que significa que el designado será el candidato a la gubernatura o la presidencia municipal.

La postulación se hace antes de que inicien los plazos electorales formales, para evitar sanciones, pero en cuanto se está ya en los tiempos de registro de candidaturas, ese «PSN» se revela como el ganador oficial. Las protestas, reticencias e impugnaciones a esos procesos de lanzamiento de candidatos deben ser procesadas en los órganos internos, receptores de quejas y con facultades de resolución, sin ventilar los asuntos en los medios de comunicación.

A pesar de su bajo crecimiento en una parte del país, Morena es el partido con mejores resultados en su etapa nacional, aunque debe considerarse que, en términos políticos, el Movimiento Regeneración Nacional es una carátula más del movimiento lopezobradorista que se mantiene activo en elecciones presidenciales, federales, estatales y municipales desde 2006, por las vías de los partidos Convergencia, del Trabajo y de la Revolución Democrática. Con distintas denominaciones, ese movimiento ha estado en el escenario político durante una década y ha acumulado una gran experiencia electoral.

Los muy buenos resultados obtenidos en la Ciudad de México, donde mantiene una cerrada disputa con su anterior matriz, el PRD, y donde pudo quedarse con cinco de 16 delegaciones políticas (figura parecida a las presidencias municipales), permitieron que se mantuviera la impresión del gran crecimiento del nuevo partido, aunque en los resultados de las elecciones para diputados federales a nivel nacional Morena obtuvo 8.39 por ciento de los votos, contra 10.87 por ciento del PRD, que era su principal cuenta de retiro de sufragios, y, para tener punto de comparación, frente a un 6.09 por ciento del partido Movimiento Ciudadano (MC) —que, a juicio de este tecleador, fue la verdadera sorpresa aritmética— y 6.91 del muy impugnado Partido Verde Ecologista de México.

Una parte del optimismo estadístico de Morena se funda en el hecho de que ha logrado avanzar notablemente en el trasvase de los haberes electorales del partido del que se escindió, el PRD, hacia sus propias cuentas «regeneradas». En el Distrito Federal, ahora llamado Ciudad de México, la batalla por la supremacía de uno u otro partido de izquierda significó una disminución de posiciones y controles por parte de esa corriente política e ideológica. En su ajuste electoral de cuentas, PRD y Morena dejaron el paso libre al PRI y al PAN, que mejoraron su recolecta.

La Asamblea Legislativa del Distrito Federal, dominada durante muchos años por la «izquierda», terminó entre arreglos del PRD con PRI, PAN, Verde y MC para quitarle a Morena la conducción de ese órgano parecido a un congreso local capitalino. Morena ganó en votos en ese rubro de diputados locales capitalinos, pero no se quedó con el control estructural de la mencionada Asamblea.

En las elecciones para gobernador en las que ha participado el nuevo partido, sus resultados han sido de poca monta, con excepciones importantes, como Veracruz, donde el profesor universitario, Cuitláhuac García, quien ya había ganado una diputación de mayoría en Xalapa a nombre de Morena, obtuvo una votación muy cercana a la de los dos punteros originales, el panista Miguel Ángel Yunes Linares y el priista Héctor Yunes Landa.

En una importante entidad federativa, necesitada de una opción fresca y honesta, sin la carga negativa de los abanderados del PAN y el PRI, Morena pudo avanzar pero, a pesar de que el cúmulo de irregularidades habría permitido una impugnación muy firme de los resultados que favorecieron, según la resolución oficial, al panista Yunes, no se peleó más.

Mi percepción de que García Jiménez había obtenido muchos más votos de los que se le reconocieron, y que podría ser el ganador, me llevó a preguntar en Twitter «¿Cuál habrá sido el porcentaje de representantes de casilla que tuvieron #Morena y

@CuitlahuacGJ en esta elección de #Veracruz? ¿Suficientes?». La diputada federal de Morena, Rocío Nahle (otro ejemplo de triunfo por mayoría relativa de votos en uno de los distritos veracruzanos con cabecera en Coatzacoalcos), me respondió por la misma vía internética: «Se registró el 95 por ciento de los representantes de casilla y se presentó el 70 por ciento y el 90 por ciento de los Representantes Generales». Es decir, en un 30 por ciento de las casillas no hubo representante directo de Morena, y en un 10 por ciento ni siquiera representante general.

Como en otras elecciones, marcadamente en las presidenciales, el movimiento lopezobradorista ha tenido un déficit en el rubro de los representantes de casilla, que deben cuidar, sobre todo, que no se cometa fraude electoral contra sus candidatos. Esa ausencia de vigilantes propios en todas las casillas va a contracorriente de la apasionada determinación de muchos de los seguidores de ese movimiento de participar en cualquier tarea electoral.

Para muchos, Morena es la única (¿y la última?) opción

Por encima de todo, Morena significa una esperanza de cambio para buena parte de los mexicanos, incluso, y especialmente, para un segmento que no apoya plena ni fragorosamente el discurso, las posturas y el estilo del político que va por su tercera postulación presidencial, pero que no encuentra ninguna alternativa aceptable.

López Obrador es acompañado en su esfuerzo electoral por notables mexicanos que desde diversas disciplinas contribuyen al diseño de los planes y programas de Morena y de su peculiar dirigente-candidato. No hay ningún otro político en México que sea capaz de convocar masas para salir a las calles, ni en la izquierda alguno con mejor posicionamiento para las elecciones presidenciales de 2018.

Sus mejores aliados, obviamente involuntarios, son sus adversarios, quienes cometen tales errores y abusos que multiplican un enojo social que busca salidas simples, una de ellas, por ejemplo, la del castigo estricto a quienes han llevado a la nación a la deplorable circunstancia actual. No hay mejores promotores del voto para López Obrador que casi todos sus contrincantes, pero también es cierto que, conforme se acercan los momentos electorales definitorios, en una extraña recurrencia recubierta de tonos casi religiosos, el peor aliado de López Obrador puede ser él mismo, como se ha visto con el tema de la «amnistía anticipada».

~/\~

Don Francisco, empleado federal jubilado, 64 años, distribuidor a comisión de aceites y lubricantes

Es creer en algo. Tener esperanza. No pienso que sea fanatismo, como usted dice. Es luchar. Porque, si no, ¿qué se va a hacer, cruzarse uno de brazos? Fraude tras fraude, es cierto. Una y otra vez: a veces de una manera, a veces de otra. Es la mafia del poder, que no deja que gane el pueblo. Pero tiene que llegar el momento. La gente ya no aguanta. Es demasiada pillería, demasiado abuso, demasiado descaro. Es un proceso. Hay que ir organizando a los inconformes. ¿La izquierda?, pues ya no sé ni qué decirle. Nos ha tocado de todo. Gente que se aprovecha de la situación para sus propios fines. Es que el sistema corrompe todo lo que toca. Pero también tenemos líderes incorruptibles, que no son ambiciosos vulgares. Esa es nuestra propuesta. Tenemos programa, sabemos lo que queremos para el país. Por eso andamos en friega. Da coraje, lo acepto, ver tanta gente aborregada, sumisa, que la compran con una despensa o 100 o 500 pesos a la mano. ¿Cuándo va a despertar México? Me da coraje la manipulación de los medios, que nomás dicen lo que les ordenan. Me da coraje ver a mi México tan jodido, tanta miseria, tanta violencia, y los políticos roba y roba. Pero, ¿qué nos queda? ¿Agarrar el fusil y remontarnos a la sierra? ¿Declararle la guerra al Estado mexicano?

No queda más que la batalla electoral, la vía pacífica. Aunque de verdad que dan ganas de otra cosa. No, no insista: las debilidades de los humanos están por debajo de las causas por las que uno pelea. Todos tenemos defectos. Estoy hasta la madre de tanta podredumbre y abusos de quienes están en el gobierno, como estamos muchos, pero tengo que creer en algo, necesito algo por lo cual luchar. Si no, ¿qué?

—⁄ı⁀—

De los bárbaros del norte al calderonismo

Una pieza perseverante en el juego electoral mexicano ha sido el Partido Acción Nacional, fluctuante entre lo reaccionario, lo conservador y lo oportunista, constituido originalmente por una militancia de sacrificio, ciudadanos que entregaban su tiempo y recursos a la causa de lograr una patria generosa y ordenada (como lo señala su lema oficial: «Por una patria ordenada y generosa y una vida mejor y más digna para todos») y que en aquellas décadas del dominio apabullante del PRI se atrevían a proponerse como candidatos a puestos de elección popular, a sabiendas de que entre sus eventuales ganancias estaría una dosis de burla de otros ciudadanos que consideraban ocioso o desquiciado el pretender enfrentarse a la maquinaria del PRI-gobierno.

Ese partido de gente «decente», con una importante presencia de abogados de empresa y hombres de negocios, mantenía, en lo general, un apego notable a su doctrina fundacional, con pocos triunfos formales pero con gran convicción en sus postulados.

Aquel panismo tradicional devino en una mezcolanza de pragmatismo y despreocupación doctrinal cuando grupos empresariales, inconformes con la locura de fin de sexenio de José López Portillo (con devaluación y «nacionalización» bancaria incluidas), decidieron pasar abiertamente a las trincheras partidistas y electorales (aunque desde el final desquiciado de Luis

Echeverría había comenzado, con menos fuerza, dicha migración de las filas de la iniciativa privada hacia el PAN).

En ese grupo de los llamados neopanistas, o «bárbaros del norte», destacaban Manuel J. Clouthier, en Sinaloa; Francisco Barrio Terrazas, en Chihuahua; Rodolfo Elizondo Torres, en Durango; Fernando Canales Clariond, en Nuevo León; Adalberto Rosas, *el Pelón*, en Sonora, y Ernesto Ruffo Appel, en Baja California. Los altos réditos electorales que generó la irrupción de esas figuras, y los que luego se generaron miméticamente en todo el país, llevaron al PAN a una dilución práctica del catecismo político hasta entonces más o menos sostenido.

El punto más alto de esa primera etapa de barbarie panista llevó al partido de derecha a una especie de cogobierno con Carlos Salinas de Gortari como presidente de la República. El panismo negoció el reconocimiento de facto de la legitimidad del priista Salinas de Gortari a cambio de reformas constitucionales y legales y de admisión de triunfos electorales. Así, por ejemplo, Ruffo Appel llegó a ser gobernador de Baja California en el inicio de una serie de maniobras que facilitaron el acceso del PAN a gubernaturas y presidencias municipales importantes, con el abogado Diego Fernández de Cevallos como una especie de delegado del partido blanco y azul en la casa presidencial de Los Pinos, y el chihuahuense Luis H. Álvarez, de la vieja guardia panista (fue candidato presidencial contra Adolfo López Mateos, en 1958), como testigo y fiador.

A pesar del fracaso ético y psicológico de la primera presidencia panista, la de Vicente Fox Quesada, y de la irradiación funeraria del paso de Felipe Calderón Hinojosa por Los Pinos, el partido de la derecha recibió una impensada dotación de oxígeno en los comicios de junio de 2016. Siete gubernaturas, que a la vez son siete tesorerías estatales que podrían estar dispuestas a empujar el proyecto presidencial panista en 2018, y que en estados como Veracruz, Chihuahua y Tamaulipas tienen un notable peso en el padrón electoral. Una derechización inducida, a juicio de quien esto escribe, para potenciar una alternativa del sistema ante el riesgo de que la opción lopezobradorista creciera por sí misma, pero sobre todo a causa del despeñamiento imparable del priista Peña Nieto.

～/\～

Ingeniero Charles, empresario, 48 años

Son ilusiones. Ya nos han dicho que no debe haber ilusiones para que no haya desilusionados. Pero uno acaba creyendo que alguien puede cambiar las cosas. Se emociona, se deja llevar. Yo hubiera jurado que con Fox iba a cambiar México. Era tan bonito todo lo que se decía y suponía. Un país sometido a la dictadura priista, que había apachurrado la iniciativa individual, el valor ciudadano, pasaría a la etapa de procurar el bien común. Un empresario llegado al poder. Un ranchero dispuesto a romper atavismos. Ah, cuántos sueños. Pero, nada. Más bien, para atrás. Seis años perdidos como nación, aunque bien ganados para nuestro primer presidente panista, que resolvió sus problemas económicos. Los de él, de su esposa, la famosa señora Marta, de los hijos de cada uno de ellos, de los familiares y los allegados. Con decirle que hubo momentos en que me daba vergüenza decir que era panista, de tantos desfiguros y tonteras que hacía Chente. Con Calderón parecía que llegaba la revancha: educado, hijo del historiador del partido, con apego a la doctrina. Y su esposa, una dama. Muy respetable. Pero no sé cómo se fue hundiendo México en la tal «guerra contra el narcotráfico». Ese México ya no era el México que yo había conocido. He de decirle que los resultados económicos de las dos administraciones panistas fueron buenos. Mejores que los priistas de antes. Y no se diga si se comparan con lo que ha hecho, o deshecho, el señor Peña. Volveré a votar por el PAN, pero hay algo dentro de mí que no me tiene nada contento.

Vi de pronto a muchos de mis compañeros de partido en la voracidad por los puestos y los presupuestos. La lucha descarnada por el poder. Corrupción, sí señor, he de reconocer. Como si, a fin de cuentas, el priismo reencarnara en todo aquel que llega al poder. Como si estuviéramos condenados a seguir haciendo lo mismo, las mismas cochinadas, pero con otro emblema de partido. Soy un hombre de carácter, con valores morales, acostumbrado a remontar obstáculos. Mediano empresario. De mí dependen 60 familias. No me gusta el término que usted me propone, encabronados. No va con mi léxico ni con mi formación. Estoy decepcionado, desilusionado, harto de todo lo que nos está pasando. Tal vez sí, a mi manera, aunque la palabra no me gusta, estoy encabronado. Y ya no me haga hablar más, por favor.

―⁄ι⁓

¿Margarita Zavala, Ricardo Anaya, Rafael Moreno Valle?

El 14 de junio de 2015, mediante sendas grabaciones en video, Margarita Zavala Gómez del Campo y Ricardo Anaya Cortés anunciaron su decisión de postularse como candidatos. Ella, para la Presidencia de la República. Él, para la presidencia del comité nacional panista. Margarita era y sigue siendo esposa de Felipe Calderón Hinojosa, con quien vivió en la residencia oficial de Los Pinos de 2006 a 2012. Ricardo es hechura política de Gustavo Madero Muñoz, a quien entonces parecía obedecer y representar, aunque luego asumió su propio rol.

Los destapes, vía YouTube, constituyeron solamente un episodio más del largo enfrentamiento entre los grupos identificados con los Calderón-Zavala y con Madero-Anaya. El queretano Anaya buscaría quedarse con la dirigencia nacional del PAN y, más adelante, según iba a verse, aspiraría a ser candidato presidencial en 2018; Zavala, nacida en la Ciudad de México, a quien el grupo de Madero-Anaya le había cerrado las puertas para ser diputada federal o dirigente partidista, subió la apuesta y lanzó sus dados abiertamente hacia la ruleta presidencial de 2018. En esa disputa sorda y sórdida está trazada una síntesis cruda, densa, plena de corrupción y abusos, de lo que ha sido la etapa en el poder del partido de la derecha mexicana, una etapa que agudizó la desnaturalización de un ente antaño orgulloso de su doctrina y su «decencia», todo lo cual fue desdibujado groseramente al contacto con el poder pleno que tuvo durante dos sexenios.

El primero en anunciar sus intenciones ese 14 de junio de 2015 fue Ricardo Anaya Cortés, en su natal Querétaro, donde el Partido Acción Nacional acababa de obtener una victoria que causó sorpresa a nivel nacional. Francisco Domínguez Servién, un médico veterinario zootecnista, criador de cerdos y borregos, senador panista con licencia, ganó al priista Roberto Loyola Vera (cuyo hermano panista, Ignacio, ya había sido gobernador del Estado).

Lo notable era que la derrota del PRI en la gubernatura y en las principales presidencias municipales de la entidad se producía mientras terminaba la gestión del priista José Calzada Rovirosa, a quien se mencionaba constantemente, y no solo en Querétaro, como «el mejor gobernador priista del país» y a quien posteriormente Enrique Peña Nieto nombraría secretario federal de Agricultura y actividades conexas, en un esquema de compensaciones políticas que Los Pinos ha practicado para agradecer a ciertos políticos que se hayan sacrificado para cumplir instrucciones del ocupante de esa casa presidencial.

La peculiar victoria arrasadora del panismo en esa entidad fortalecía, sin duda, las aspiraciones del joven Anaya (cumplió 39 años en febrero de 2017) para buscar la dirigencia nacional del PAN y encajaba en los planes de Madero-Anaya para mantener a distancia al calderonismo-zavalismo. Entre algunos columnistas, como el autor de estas líneas, revoloteó siempre la impresión de que Querétaro, y el beneficio político colateral para el cachorro de Madero, Ricardo Anaya, estaba en la línea de los arreglos entre los participantes en el Pacto por México, que incluyeron concesiones y maniobras desde el poder federal en apoyo de los aliados pactistas. En su discurso de destape, el joven Anaya dejó asentada una tesis generacional: «La gran lección de esta elección es que los ciudadanos están verdaderamente hartos de la corrupción, hartos de los políticos de siempre». («¿Qué es el Pacto por México?», *El Economista*, 4/12/2012).

Zavala Gómez del Campo apareció ese mismo día, horas después de Anaya, en un video mal iluminado y editado. Sola, ataviada con un rebozo, que ha sido su distintivo de imagen, con tomas que no le favorecían, como si la grabación hubiese sido realizada a la carrera. Era evidente la diferencia con el video de Anaya, quien se hizo rodear de panistas, su esposa e hijos, y elaboró un discurso un poco más sustancioso y, sobre todo, más alegre.

Felipe y Margarita, derrotados al interior del PAN

Ese destape de Zavala fue apoyado de inmediato por el grupo calderonista, comenzando por el propio cónyuge estelar. A diferencia de Anaya, quien presumía victorias, Zavala venía de una larga noche de derrotas. En los meses finales de 2010, el poder de Felipe Calderón (quien ocupó la Presidencia de la República de 2006 a 2012) fue ruidosamente vencido a la hora de elegir un nuevo dirigente del partido que estaba en el poder.

Hasta entonces, el político michoacano (hijo de un panista tradicional, historiador del partido) había impuesto sin contemplaciones a algunos de sus subordinados como presidentes del comité nacional panista. El mismo Calderón había presidido su partido de 1996 a 1999. Y, ya en Los Pinos, había hecho valer su fuerza para instalar en la dirigencia nacional panista a dos de sus cercanos, Germán Martínez Cázares y César Nava Vázquez (este, señalado con insistencia y fundamento como partícipe en procesos de corrupción en Pemex y en la Secretaría de Energía; en esta última, al mismo tiempo en que Calderón era el titular).

En medio de múltiples objeciones a la reproducción descarada del binomio PRI-gobierno, que Acción Nacional había denunciado durante décadas, Calderón convirtió la dirigencia de su partido en una prolongación de Los Pinos, con todo y los caprichos y enojos propios del faraonismo sexenal mexicano. («César Nava, de cuadro panista a hombre rico», *SinEmbargo*, 15/5/2013).

Esa dependencia perniciosa fue rota de una manera humillante para el titular oficial de un presidencialismo que, en la tradición mexicana, suele ser todopoderoso en ciertos aspectos, entre ellos el de la conducción indiscutida de su propio partido. Gustavo Enrique Madero Muñoz, perteneciente a la familia del prócer revolucionario Francisco I. Madero, dejó la coordinación del grupo de senadores panistas para buscar la presidencia del PAN, no solo sin el visto bueno de Calderón, sino abiertamente en contra de sus deseos. Por la casa presidencial, el candidato fue el chiapaneco Roberto Gil Zuarth, quien ocupó diversos cargos durante el calderonismo (subsecretario de Gobernación; secretario particular del ocupante de Los Pinos; candidato a senador en el asegurado paquete familiar-amistoso que dejó Calderón antes de terminar su periodo de gobierno).

A fin de cuentas, en un proceso accidentado Madero quedó como dirigente nacional panista e inició una guerra interna contra el calderonismo, lo que impidió al michoacano Felipe, por ejemplo, imponer a su delfín, Ernesto Cordero, como candidato a la Presidencia de la República, lo que devino en la postulación a desgano de Josefina Vázquez Mota, una política especializada en sobrevivir, sin definiciones firmes, entre las aguas agitadas de su partido, siempre sonriente y dúctil.

La falta de un candidato propio, y la ausencia de entendimiento (por razones naturales o intencionales) con la candidata forzada, Vázquez Mota, crearon las condiciones para una campaña desangelada, desarticulada, con una enorme apariencia de que Calderón no apoyaba a la economista cuyo mayor éxito como escritora se tituló *Dios mío, hazme viuda*. El saldo de esta serie de desencuentros fue favorable a Enrique Peña Nieto, el candidato del PRI, con quien Felipe Calderón tuvo más comunicación y entendimiento que con su propia correligionaria, la mencionada Vázquez Mota, sacrificada para dar paso a un silencioso acuerdo de transexenalidad impune, con pretensiones de mantener el juego de la alternancia en términos restringidos a esos grupos priistas y panistas.

La ejecución de su propio plan sucesorio en la presidencia del PAN, con los hilos de control en la mano, significó para Gustavo Madero su pasaporte a una marginalidad que parecería no tener correspondencia con el historial de un político que había vencido en su partido a un ocupante de la Presidencia de la República.

Engolosinado con el manejo sin restricciones de la estructura panista, el chihuahuense convirtió en abatible la puerta de la presidencia del partido, de tal manera que entró y salió de esa oficina, solicitando licencia al cargo, luego retomándolo, de nuevo excusándose de seguir como dirigente, en una serie de maniobras para ser candidato preferente, con lugar asegurado, a diputado federal, utilizando al joven Anaya como sustituto a conveniencia.

Madero quedó como diputado, pero su instrumento anterior, Anaya, en cuanto fue electo presidente del partido (conforme a la estrategia de Madero, con su apoyo pleno), tomó distancia de quien parecía su tutor o titiritero, ejerció por sí mismo el mando y envió a Madero a ejercer sus funciones de diputado, sin mayores atribuciones privilegiadas.

Distantes, Madero y Anaya son, sin embargo, parte de la misma tripulación de un navío de guerra política contra el calderonismo. Por ello le impidieron a Margarita Zavala ser candidata a diputada federal e intentar la búsqueda de la presidencia nacional del partido.

Sin carrera de primer nivel, súbita «popularidad» de Margarita

A pesar de estar en esas condiciones políticas desventajosas, y sin que hubiera indicios previos de tal potencialidad escondida, Zavala Gómez del Campo amaneció convertida en un fenómeno de popularidad y fuerza, un año después de su destape como precandidata presidencial. («Margarita Zavala y el PAN, los mejor posicionados para las elecciones de 2018: Mitofsky», *Animal Político*, 11/8/2016).

Hasta antes de las elecciones intermedias de junio de 2016, en las que además de diputados federales se eligieron gobernadores (de estos, siete fueron insólitamente ganados de golpe por Acción Nacional), la pregunta insistente en muchos medios de comunicación era «¿Cómo frenar a López Obrador?», quien aparecía en las encuestas de opinión como puntero constante (entre otras razones, porque en los demás partidos no había otros abanderados en firme, como sí lo era el tabasqueño, sin competencia interna en su partido). Luego de esas elecciones intermedias, Margarita Zavala fue propulsada mediáticamente como preferida en las «encuestas» y virtual contrincante necesaria, única, ante López Obrador.

Las cartas de presentación de la señora Zavala no sustentan el despegue súbito que se le ha construido. Aun cuando se pretende argumentar que tiene una carrera política propia, lo cual por sí mismo la facultaría para aspirar a la Presidencia de la República, lo cierto es que esa carrera es de una inocultable levedad. Solamente ha sido diputada local, ante la Asamblea Legislativa del Distrito Federal (1994-1997), y diputada federal (2003-2006), pero en ambos casos por la vía de la representación proporcional, en listas plurinominales.

Es decir, nunca se ha arriesgado a la contienda directa, sino que ha sido inscrita en una nómina de comodidad decidida en arreglos de cúpulas, de grupos, de familias. Antes de anunciar, en 2015, que buscaría la Presidencia de la República, trató de conseguir otro lugar de privilegio, con pase asegurado a la cámara federal de diputados, pero los grupos adversos a ese calderonismo-zavalismo en declive le impidieron tal aspiración placentera.

No hay ningún recuerdo especial del paso de Zavala por sus dos diputaciones plurinominales. En San Lázaro fue una de las subcoordinadoras de la bancada panista, un cargo con poca trascendencia. Tampoco ha dejado una huella especial en su vida partidista: de 1993 a 1994 fue directora jurídica del comité nacional panista, y de 1999 a 2003 ocupó la Secretaría Nacional de Promoción Política de la Mujer. Solo dos cargos, y no en lugares relevantes del organigrama panista. Además, ha sido consejera nacional de su partido desde 1991.

En realidad, tuvo relevancia nacional, difusión mediática importante y acumulación de capital político a partir de que su esposo se hizo de la Presidencia de la República en 2006. Con una carrera profesional (abogada por la Escuela Libre de Derecho), participante en bufetes jurídicos, docente en el mismo colegio católico en el que estudió, Margarita Zavala ejerció con agradecible recato su cargo como presidenta del Sistema Nacional para el Desarrollo Integral de la Familia (DIF) y como acompañante de quien ocupaba el máximo cargo nacional.

El comedimiento de Zavala pareció balsámico luego de un sexenio de trepidante protagonismo de Marta Sahagún, la controladora mujer que llegó con Vicente Fox Quesada a Los Pinos como muy influyente coordinadora de Comunicación Social y terminó casándose con ese presidente de la República en funciones, asumiendo tal poder que el propio exgobernador de Guanajuato llegó a instaurar retóricamente la figura de la «pareja presidencial», en busca de justificar los excesos de la esposa que asumía como propias las atribuciones dadas en las urnas al conyugalmente dócil exdirector de la Coca-Cola.

En contraste, Zavala resultó un modelo de prudencia. Además, el presupuesto y el escaparate del DIF nacional le permitieron construir no una carrera propia, por sus propios méritos y con recursos cuyo manejo hubiera ganado ella en las urnas, sino una carrera facilitada por el cargo de su esposo, de quien nunca se desmarcó (pues era la esposa, no una política en activo, no una política con carrera propia) respecto a los resultados de corrupción, muerte y descomposición institucional que en seis años se fueron acumulando.

La tragedia de la guardería ABC y la prima protegida

Uno de esos episodios la acompaña de manera indeleble, el de la guardería ABC, de Hermosillo, Sonora, donde 49 niños murieron y más de 100 resultaron heridos durante un incendio, el 5 de junio de 2009. Esa guardería funcionaba mediante un sistema de subrogación que asignaba el Instituto Mexicano del Seguro Social a particulares que tuviesen deseos de invertir para prestar ese servicio y recibir un pago a cambio.

Hasta la fecha hay dudas y especulaciones respecto al origen del fuego. Pero también se ha desplegado un manto de protección sobre las familias emparentadas con personajes priistas y panistas, entre estos Margarita Zavala, prima de Marcia Matilde Altagracia Gómez del Campo Tonella, una de los empresarios a quienes los padres de los bebés consideraron responsables de homicidio calificado y lesiones, pero que fueron absueltos entre una sensación generalizada de que presiones políticas habían centrado las responsabilidades en algunos empleados de rango menor, sin tocar a los personajes de la «alta sociedad» hermosillense.

La tragedia de la guardería ABC, desde mi punto de vista, reflejó en primera instancia el increíble grosor del caparazón del cuerpo cívico nacional. Ni siquiera la dimensión de una desgracia de ese tipo logró conmover a una sociedad (la estatal y la nacional) que, pasadas las primeras semanas de conmoción, con rapidez se reacomodó a la «normalidad», dejando sin la proporcional solidaridad a los padres y familiares de esos niños que, desde entonces y hasta la fecha, mantienen una lucha contra el olvido y la impunidad, apoyados por ciudadanos que desde su minoría numérica participaron en marchas y protestas insertas en la globalidad mexicana de las muchísimas muertes que probablemente pudieron ser evitadas.

Asociada a la figura y hechuras políticas de Felipe Calderón Hinojosa, no solamente por el lazo matrimonial, Zavala Gómez del Campo, quien no ha sido presidenta municipal, gobernadora, dirigente nacional de su partido ni secretaria de Estado o directora de alguna paraestatal u organismo autónomo, irrumpió en el escenario nacional como sorprendente competidora adelantada, a pesar, inclusive, de que la estructura de su partido no le es favorable, pues está dominada por el grupo que desde hace seis años le quitó el control al calderonismo y le ha impedido nombrar dirigentes y candidatos.

Anaya y los réditos del Pacto por México (con Gustavo Madero sacrificado)

En realidad, por los resultados electorales y el control de la estructura de su partido, el actual presidente del comité nacional, Ricardo Anaya Cortés, parecería tener mejores condiciones que Margarita Zavala para ser candidato presidencial en 2018. No hay dirigente nacional del partido de derecha que haya conseguido más triunfos de un golpe en gubernaturas, así el récord tenga como telón de fondo los entendimientos de élite entre la administración peñista y el PAN, entonces dirigido por Gustavo Madero, para dar paso al Pacto por México.

No puede entenderse la benevolencia priista (presurosamente decidida a reconocer derrotas en las urnas, pero solo frente al PAN o ante perredistas peñanietizados) sin la buena voluntad devolutiva de favores que ha imperado en Los Pinos hacia sus «opositores» aliados. Por otra parte, la oratoria de Anaya es articulada, si bien afectada, ampulosa. Es una cara nueva (si eso fuera lo que se necesitara) en el museo político nacional poblado de rostros en permanente exhibición, así sea en diferentes vitrinas. Ha mostrado un crudo pragmatismo político al sacrificar a su tutor, Gustavo Madero, para hacer entender que él sería el presidente verdadero del PAN y no un instrumento a trasmano del chihuahuense. Y tiene a su disposición una estructura panista rediseñada.

Pero, aun así, el joven Anaya (a quien apodaban *el Cerillo* mientras fue colaborador de personajes panistas en Querétaro) no ha podido construir hasta ahora una plataforma presidencial creíble, susceptible de propagación natural. Su comportamiento es sinuoso, su estrategia es el acomodo y carece de profundidad en sus planteamientos. En realidad, su ascenso interno, como se ha dicho líneas atrás, es parte de los réditos cobrados por Gustavo Madero a cuenta del apoyo del PAN al Pacto por México, en cuyo proceso de negociaciones el PRI fue cediendo a peticiones, con motivos personales o grupales, de los dirigentes «opositores» involucrados.

Moreno Valle: priista, gordillista, panista

El otro precandidato panista a la presidencia parece más distante de su objetivo. Rafael Moreno Valle Rosas ha gobernado Puebla con la vista puesta en ser aspirante a residir en Los Pinos a partir de 2018, pero su camino ha estado especialmente lleno de problemas e impugnaciones, desde los negocios sexenales hasta la predisposición represiva que a nivel nacional le hizo ganar fama como el Góber Bala, a causa de una ley para regular el empleo de armas en el uso de la fuerza pública que propuso el 7 de mayo de 2014, y en la que luego, el 9 de julio —debido a la muerte de un menor de 13 años durante una manifestación en San Bernardino Chalchihuapan— hubo de retroceder ante las protestas locales y nacionales. («La Ley Bala de Moreno Valle tuvo corta pero contundente vida: hoy se deroga mientras entierran a niño en Puebla», Laura Cordero, *SinEmbargo*, 22/7/2014).

Moreno Valle Rosas es, como muchos otros gobernadores y políticos de «oposición», una hechura priista. Su abuelo fue un médico militar que llegó a general y cuyo momento de más relevancia se produjo de la mano del entonces presidente Gustavo Díaz Ordaz, quien lo nombró secretario federal de Salud en 1967 y, dos años después, lo hizo candidato del PRI al gobierno de Puebla que, obviamente, ganó.

Ya con Luis Echeverría Álvarez como presidente de la República, el general Moreno Valle solicitó licencia al cargo de gobernador, apenas tres años y un mes después de haber rendido la protesta correspondiente. Se arguyeron motivos de salud, aunque en realidad había problemas e inconformidades con el médico que, además, había perdido su fuente de poder, pues todo lo que se relacionara con el diazordacismo era repelido por el sucesor, Luis Echeverría Álvarez, quien había sido secretario de Gobernación durante el gobierno de Díaz Ordaz, y este lo había hecho candidato presidencial priista; pero en cuanto LEA pudo hacerlo, rompió relaciones con su antecesor y aprovechó los yerros de los diazordacistas con poder, o creó o potenció esas fallas, para irse deshaciendo de una herencia indeseada.

Los desajustes y problemas que incubó ese primer Moreno Valle como gobernador sumieron a Puebla en una inestabilidad política que requirió de tres gobernadores sustitutos para cubrir los casi tres años restantes del periodo que debió ejercer el mencionado médico militar. Así, entró por unos meses Mario Mellado García, a quien relevó Gonzalo Bautista O'Farril, para terminar Guillermo Morales Blumenkron con el periodo original de mando, que iba del 1 de febrero de 1969 al 31 de enero de 1975.

El segundo gobernador Moreno Valle, Rosas como segundo apellido, compuesto el primero, también fue priista. Tuvo como padrino en el plano estatal a un compendio de las artes priistas, sobre todo las electorales, Melquiades Morales Flores, quien a su vez había sido ayudado en su arranque político por el general Moreno Valle. A nivel nacional, su referente más significativo fue la dirigente sindical Elba Esther Gordillo, con quien compartió años de priismo hasta que, confrontada con Roberto Madrazo Pintado, este como presidente nacional del PRI y ella como secretaria general, la profesora renunció al partido de tres colores y más adelante hizo negociaciones de oportunidad con Felipe Calderón, que incluyeron postulaciones a través de Acción Nacional para los favoritos de Gordillo, uno de ellos Moreno Valle Rosas, quien así fue senador y, en 2010, candidato panista a gobernador, elección que ganó con el apoyo del aparato magisterial gordillista.

De esa tercia de cartas marcadas (la «enrebozada» esposa Margarita, el joven trepador Ricardo y el priista-gordillista Rafael), Acción Nacional debe elegir la que presentará como propuesta en 2018, en un escenario complicado para el retorno del partido derechista a Los Pinos.

～⁄ı╲～

Analista y asesor de políticos de derecha, 48 años

Somos más o menos lo mismo. Nos une la ambición del poder. Y nos iguala la forma en que lo ejercemos. Las mismas ambiciones, las mismas vergüenzas. Pero no me digas que en la izquierda no están igual. Tendremos diferentes formas de agarrar el taco, pero a fin de cuentas le entramos a lo sabroso. Hubieras visto la rebatiña cuando de pronto nos dimos cuenta de que ya teníamos el control del aparato federal. Lo vi las dos veces, con Fox y con Calderón. Orgullos y pretensiones eran guardados para mejores tiempos: lo importante era conseguir algo, un cargo, un puesto, un hueso. Químicos que salían con nombramiento de cónsules, abogados que aceptaban ser

directores de áreas técnicas que desconocían, exdiputados o exse-
nadores en busca de lo que cayera. Y ya en el poder, las mismas
prácticas del pasado, implacable como es la realidad. Pero somos me-
jores que los otros. Nuestras intenciones son positivas. Sabemos que
México necesita valores, orden, respeto, y eso lo podemos ofrecer. Yo
pienso que no han dejado trabajar a nuestros candidatos a gober-
nadores y a presidente cuando ya han llegado al poder. Trabas, pro-
blemas artificiales, pura grilla, y eso de estar siempre pensando en
las elecciones. Ni ejercen el poder, nomás de estar planeando cómo
conservarlo. Mano dura, necesitamos. Se ha relajado mucho el res-
peto a la ley. Y los delincuentes hacen lo que quieren, siempre con el
apoyo de los de los derechos humanos. Pues, lo dirás de chiste, pero
sí se necesita volver los ojos a don Porfirio. Menos política y más ad-
ministración, sí señor. Imagínate que se cancelara toda esa farsa tan
costosa de las elecciones. Que los jefes de los partidos se pusieran de
acuerdo y se repartieran las posiciones. Sí, dicen que eso hacen aho-
ra, pero usan las elecciones de disfraz de sus enjuagues. No hay que
tenerle miedo al concepto de «derecha». A fin de cuentas, peor no va-
mos a estar...

-/\\~

La «paz» priista: corleonismo institucional

Todo se ha ido rompiendo. La larga «paz» del priismo, susten-
tada en las variables de la cooptación y la represión, tuvo sus
primeras demostraciones de conflictividad interna incontrolable
en el tramo final de gobierno del adalid del neoliberalismo económico en México, Carlos Salinas de Gortari (presidente de la
República de 1988 a 1994), cuando se produjeron graves desajustes del sistema que, a su vez, provocaron asesinatos significati-
vos, conmocionantes.

Primero fue el cardenal Juan Jesús Posadas Ocampo, en mayo
de 1993, en el aeropuerto de Guadalajara (con el narcotráfico

como telón de fondo, así hubiera sido accidental, en un contexto hasta ahora no suficientemente esclarecido). Luego, Luis Donaldo Colosio Murrieta, ejecutado en marzo de 1994 en una colonia popular de Tijuana, cuando era candidato presidencial del PRI y que, en aquel tiempo político, habría sido indiscutible ganador formal de las elecciones.

Hasta llegar al asesinato, a las afueras de un hotel de la Ciudad de México, de José Francisco Ruiz Massieu, quien había sido esposo de la hermana del citado Salinas de Gortari y, como diputado federal electo, se preparaba para coordinar la Cámara de Diputados y se decía que enseguida pasaría a la poderosa Secretaría de Gobernación, en alianza antisalinista con el presidente en espera de tomar posesión del cargo, Ernesto Zedillo Ponce de León, quien desataría luego una implacable ofensiva contra los Salinas de Gortari, propiciando incluso el largo encarcelamiento de Raúl, el financiero y comisionista de la familia. Historias políticas mexicanas susceptibles de tratamientos literarios al estilo de Mario Puzo y al cinematográfico de Francis Ford Coppola: corleonismo institucional.

El descoyuntamiento de ese México ha sido una tarea larga. El plano reconstructivo nacional, trazado luego de la Revolución Mexicana, con la Constitución de 1917 como señalamiento avanzado, fue disolviéndose entre la corrupción de la clase política y el establecimiento de la simulación como método de gobierno. Luego de los primeros ajustes de cuentas, traiciones y distorsiones correspondientes a la pólvora revolucionaria aún humeante, se instaló con ínfulas estabilizadoras la facción sonorense encabezada por Álvaro Obregón y, al asesinato de este, por Plutarco Elías Calles (presidente en funciones, cacique al dejar la silla presidencial bajo pretensiones de un maximato personal).

Pero fue hasta la llegada del general Lázaro Cárdenas del Río a la Presidencia de la República, en 1934 (postulado por el Partido Nacional Revolucionario, al que luego él convirtió en Partido de la Revolución Mexicana, antecedentes del Partido Revolucionario Institucional), cuando se creó el tendido institucional que permitiría décadas de «paz social», con políticas e instituciones concebidas para el beneficio popular, aunque siempre carcomidos esos propósitos por la corrupción practicada ejemplarmente desde las alturas (por dar ejemplos: Maximino, hermano del presidente Manuel Ávila Camacho, o el alemanismo prototípico de los negocios al amparo del poder, en una línea de escolaridad política plenamente desarrollada por el hankismo mexiquense y federal, hasta los tiempos del peñismo).

La violencia política siempre ha estado presente. No solo en los asesinatos de jefes de las facciones revolucionarias (Villa y Zapata, como principales ejemplos) o en la ejecución de contrincantes electorales. Los movimientos sociales y políticos que han rebasado las fronteras impuestas por el poder han sido abiertamente reprimidos mediante el uso de la fuerza física, la manipulable maquinaria judicial y la distorsión a través de los medios de comunicación.

En contrapartida, se ha impulsado durante décadas la existencia de movimientos y líderes parásitos que juegan con las reglas que les son impuestas, mantienen una clientela susceptible de compraventa electoral y, en términos de proceso político, nacen, crecen y mueren sin mayor prosperidad que la de las camarillas directivas.

Aplastando a quien se rebela, el sistema ha mostrado a la comunidad que el mejor camino para la conservación de los intereses individuales es el acomodo a los dictados superiores, la indolencia y la apatía, el desapego de imperativos cívicos, satanizada incluso la actividad política, culpándola en sí de los muchos males sociales, a fin de cuentas «sucia» e impresentable.

López Mateos: represión a movimientos
sindicales y sociales

Estampas de aquella «familia posrevolucionaria»: la vocación «socialista» del cardenismo; la pendular «decencia» catolicista del avilacamachismo; el arranque de la gran corrupción institucionalizada en el alemanismo; la etapa del «presidente caballero», Adolfo Ruiz Cortines y, en 1958, el traspaso del poder a Adolfo López Mateos, con una efervescente lucha sindical y social que en sus respectivos ámbitos y con diversos matices desarrollaban profesores, electricistas, petroleros y, sobre todo, ferrocarrileros.

López Mateos, oficialmente nacido en el Estado de México pero con una constante polémica respecto a esa parte de su biografía, ordenó actos de represión, tanto masiva como selectiva, para frenar aquella oleada de protestas que se encaminaba hacia formas de organización unitaria.

El principal golpe fue contra la directiva del Sindicato de Trabajadores Ferrocarrileros, con el oaxaqueño Demetrio Vallejo Martínez al frente, que había sido electa por una aplastante mayoría, virtual unanimidad, en un episodio de democracia sindical irrepetible, merced a la postura combativa de los rieleros. Encarcelados Vallejo y otros dirigentes, y miles de trabajadores despedidos de Ferrocarriles Nacionales de México; perseguido y desgastado el Movimiento Revolucionario del Magisterio, que encabezaba el profesor guerrerense Othón Salazar Ramírez, y asesinado el dirigente campesino Rubén Jaramillo en Morelos, la «paz» priista fue restituida por unos años más.

De las batallas sindicales y sociales de 1958-1959, y de la aplicación del delito de disolución social para castigar a los opositores al sistema, se llegó a las protestas estudiantiles de 1968 y a la matanza en la Plaza de las Tres Culturas, en Tlatelolco. El entonces presidente, Gustavo Díaz Ordaz, dijo extender su mano para fingir un ofrecimiento de diálogo, como su sucesor, Luis Echeverría Álvarez, lo haría con su presunta «apertura democrática», contradicha por el Jueves de *Corpus* del ataque sangriento de «halcones» (expertos en artes marciales, a sueldo del gobierno) contra una manifestación pacífica en la Ciudad de México.

Luego, la frivolidad y el saqueo con José López Portillo, para entrar en la etapa del neoliberalismo económico inaugurada por la grisura de Miguel de la Madrid y continuada por Carlos Salinas de Gortari con su primera tanda de reformas estratégicas, la firma del Tratado de Libre Comercio y, como telón de fondo, la explosión neozapatista en Chiapas y los asesinatos políticos.

-/|\-

González de Pedraza, 74 cumplidos, abuela de nieto rebelde

Es que todo era diferente. Estaba uno jodido, pero ai' la llevaba. No sé cómo decirle. Uno sabía que trabajando duro, mandando a los muchachos a la escuela y con un poco de suerte, saldría adelante. Sí, las escuelas de gobierno. Y la universidad. De ahí salían muchachos de bien. Y uno veía, y decía, pues yo quiero que mi hijo también sea licenciado o ingeniero o médico. Claro: eran hijos de trabajadores o de empleados con poco sueldo. Pero había eso, el estudiar para salir de fregado. Es que... ¿cómo explicarle? Los del gobierno sí robaban, pero no tanto. Como que se medían. No había tanto descaro. Y maloras siempre ha habido. Siempre. Rateros y matones. Pero nunca como ahora. La policía, como fuera, se le respetaba. Uno iba a denunciar algo y más o menos le hacían caso. Se podía convivir, incluso con problemas. Porque más o menos se atendían, o la gente mala sabía que no podía hacer tanta chingadera. Pero, ¿ahora? Ya ni ir a la iglesia a encomendarse, porque los padrecitos andan violando a los niños. ¿A quién encomendarse, a quién pedirle que meta orden? Yo, de jovencita, iba a unos centros de bienestar familiar del Seguro Social. Me enseñaron a hacer conservas de alimentos. A tejer. Bueno,

una comadre hasta en una obra de teatro salió. De aficionados, claro.
En mi pueblo, las familias vivían tranquilas, dedicadas a la siembra,
a la cosecha, a ver por los hijos. Ahora, pura balacera, despedazados,
bolsas negras con cuerpos. Qué feo. Y los del gobierno nomás vien-
do cuánto queda para acabárselo de robar. Todos, todos han robado.
No hay presidente de la República que no se haya hinchado de dine-
ro. Unos más y otros menos, pero nadie salió de Los Pinos con menos
dinero. Y los gobernadores, igual. Híjole, puras ratas. Todos, todos. Ya
se acabaron el país. Y ahora, véanos. Todo mundo anda enojado, de
malas, sin esperanza. Sí, pues, como dice usted, encabronados. Es la
verdad. Porque no hay salida, porque ya se chingaron todo. Y ahora
nomás queda miseria, crimen. Bonita historia la nuestra. Bonita his-
toria la de mi México. Patricia González de Pedraza, para servir a us-
ted. Bueno, viuda de Pedraza, pero me gusta más decir «de». Jubilada,
con una pensión de risa. Madre de cinco hijos que salieron adelante.
Abuela de nueve jóvenes que nomás no la ven llegar con todo y que es-
tudiaron. Convencida, póngale ahí, en lo que vaya a escribir, de que
este México sí va a cambiar, aunque ya no lo vea yo. A chingadazos,
si es necesario, como dice uno de mis nietos, el más rebelde.

~/\~

La vía priista, colapsada; la desesperación del dinosaurio

Enrique Peña Nieto llevó a su partido al colapso. Al iniciar su periodo sexenal colocó en la presidencia del partido, presuntamente
resurrecto, a un mexiquense, como lo hizo en toda la estructura
gubernamental, entregando cargos al paisanaje, entendido este
como complicidad regionalista, como lealtad por motivos no solo
geográficos sino de premiación inmerecida, el código postal de
origen como santo y seña.

César Camacho Quiroz fue gobernador interino del terruño políticamente nutricio, el Estado de México. Suplió a Emilio

Chuayffet Chemor (un personaje de discursiva tan afectada como ineficaz) cuando este dejó Toluca para asumir la Secretaría de Gobernación, con Ernesto Zedillo Ponce de León en Los Pinos, en la que se mantuvo hasta que se produjo la matanza de Acteal, Chiapas, donde fueron asesinados 45 indígenas, incluyendo mujeres embarazadas y menores de edad. Camacho Quiroz fue relevado en el gobierno estatal por Arturo Montiel Rojas, tío de Enrique Peña Nieto y su padrino político. Cuando, en 2012, lo pusieron a la cabeza del PRI, el siempre obediente Camacho Quiroz solo fue un comisionado de Peña Nieto para administrar los asuntos del partido «en el poder».

Esa dependencia rotunda de las órdenes de Los Pinos no es una anomalía en el esquema de trabajo político del PRI. Por el contrario, es la regla. El presidente de la República pone a quien él desea como presidente del comité ejecutivo del Revolucionario Institucional, quien funciona como un virtual secretario más del gabinete presidencial, encargado de dar viabilidad a los proyectos, deseos y caprichos de quien es máximo jefe durante un sexenio.

Sin un ápice de democracia interna, y ayuno de las rutinas mínimas de cualquier partido político más o menos verdadero, el PRI ha mantenido con Peña Nieto una tensión soterrada entre los taimados y curtidos miembros del priismo tradicional y los nuevos «cuadros» de florecimiento sexenal, a los que aquellos consideran como advenedizos políticos, desconocedores de las reglas del oficio político e incluso de la realidad del país.

Con una gubernatura estatal como máxima escolaridad política (no fue diputado federal, senador o director, subsecretario o secretario del gabinete federal: solo cargos locales, incluyendo una diputación de este nivel, llevado de la mano por su tío Arturo para ser gobernador), Peña Nieto solo puede entender al PRI como una extensión de las arcas estatales y como un receptáculo para órdenes directas.

Tal cual se ha mencionado en otra parte del presente texto, la construcción, financiamiento y defensa de su candidatura presidencial corrió por cuenta de un tenebroso «sindicato» de gobernadores. El tamaulipeco Eugenio Hernández y el coahuilense Humberto Moreira estaban considerados para cargos importantes con Peña Nieto en Los Pinos, pero fueron descartados por escándalos en la administración de sus estados (ambos son investigados en Estados Unidos por lavado de dinero). («El exgobernador Eugenio Hernández, buscado por la DEA, vota en Tamaulipas», *Expansión*, 5/6/2016. «¿Por qué detuvieron a Humberto Moreira, exgobernador de Coahuila?», *Excelsior*, 15/1/2016).

Sobrevivió una dupla de exgobernadores de Hidalgo: Miguel Ángel Osorio Chong, un político hasta entonces sin relevancia nacional, a quien nombró secretario de Gobernación, y Jesús Murillo Karam, con extendida fama de marrullero y de mendacidad patológica, a quien colocó en la Procuraduría General de la República y luego pasó a una Secretaría de Desarrollo Agrario, Territorial y Urbano, como premio de consolación y preámbulo para el retiro en el que cómodamente vive ahora, después de ser abatido política y socialmente al postular su inaceptable «verdad histórica» en el caso de los normalistas de Ayotzinapa desaparecidos en Iguala.

Bipartidismo inducido: PRI cede piezas al PAN

El mal manejo del país tuvo fuertes consecuencias adversas al Revolucionario Institucional en las elecciones de 12 gobernadores, en junio de 2016. El PRI perdió en cuatro importantes estados en los que nunca había sido derrotado: Tamaulipas, Quintana Roo, Veracruz y Durango, los cuatro con sobresaliente presencia e influencia de cárteles del crimen organizado; más Chihuahua (otro caso de gran corrupción en los gobiernos, como los cuatro anteriores) y Aguascalientes (en estos dos hubo, en distintos periodos, gobernadores panistas), y Puebla, donde el gobernador panista conservó el poder.

El ganador neto de esta extraña jornada electoral fue el PAN, que se quedó con seis nuevas gubernaturas en estados donde gobernaba el PRI, como nunca antes en su historia. A partir de ese golpe de urnas se instauró un bipartidismo inducido que pretende concentrar la verdadera competencia electoral solamente en dos partícipes que entre sí acaban siendo complementarios, el PRI y el PAN.

El fracaso priista permitió a Los Pinos prescindir de los servicios de un operador que a su círculo íntimo le resultaba mortificante. Manlio Fabio Beltrones Rivera, por conveniencia, puso su larga experiencia en la política priista al servicio de un grupo al que en el fondo repele y menosprecia, el peñismo frívolo, desnacionalizado y torpe. En las cámaras de senadores y de diputados fue garante profesional, junto con Emilio Gamboa Patrón (ambos, fuera de los afectos reales del círculo íntimo del peñismo, más maleable y asimilable el yucateco Gamboa), de que se cumplieran las propuestas de ese peñismo, en especial en el rubro de las reformas legislativas llamadas «estratégicas».

Pero Beltrones no solo era molesto o inaceptable para el grupo que realmente detenta el poder en Los Pinos, sino, en especial, significaba o significa una eventual competencia peligrosa para ese círculo íntimo. Ha tenido una larga carrera en los ámbitos gubernamental (fue gobernador de Sonora, subsecretario de Gobernación y alumno principal del difunto Fernando Gutiérrez Barrios, el jefe de la policía política que combinaba tersura con rigor) y legislativo (ha presidido las dos cámaras), y una fuerte presencia en la vida de su partido, en el que algunos segmentos lo consideran el político con más experiencia, marrullería y fuerza, signifique esto lo que signifique en un entorno tan denso.

Dicho sonorense, cuya carrera política ha estado siempre acompañada de versiones oscuras, apareció el primer lunes de junio de 2016 como el responsable formal de la gran derrota priista, por lo que renunció a la presidencia del partido días después y, desde entonces, ha dejado correr la impresión de que podría buscar la candidatura presidencial de 2018 en un proceso autorizado por Los Pinos o incluso sin tal autorización.

Las pugnas internas que, obviamente, siempre han existido, y más si se habla de un partido utilizado para que las élites se mantengan en el poder durante tantas décadas, reflejaron en 2016 la postración del equipo peñista. Los niveles de corrupción e ineficacia han sido tan altos que han producido un rechazo ardoroso contra el propio Peña Nieto, su partido y su eventual propuesta sucesoria.

Osorio Chong, a la cabeza a pesar de todo

El personaje mejor colocado en las volátiles encuestas de opinión ha sido Miguel Ángel Osorio Chong, el secretario de Gobernación a quien se le escapó el Chapo, aunque luego hubiera conseguido su reaprehensión; hidalguense acusado en su terruño de relaciones peligrosas y de enriquecimiento familiar. («Exhiben enriquecimiento súbito de hermanos de Osorio Chong, secretario de Organización del PRI y operador de EPN», *SinEmbargo*, 16/5/2012). «Vicepresidente político» de origen, Osorio Chong tuvo enfrente, hasta septiembre de 2016, al «vicepresidente económico» (pero, también político), Luis Videgaray Caso, un secretario de Hacienda que a pesar de la crisis había sostenido aspiraciones sucesorias personales o, en todo caso, a través de la colocación de alguien de su equipo, como el secretario de Desarrollo Social, José Antonio Meade Kuribreña, luego trasladado a la Secretaría de Hacienda, o la primera carta que ese grupo jugó, el secretario de Educación Pública, Aurelio Nuño Mayer.

La imposición de un miembro de esta facción hacendaria, Enrique Ochoa Reza, como presidente del comité nacional priista, con un historial partidista absolutamente anémico, casi inexistente, pareció confirmar que el peñismo preparaba todo para una previsible derrota electoral en 2018, a la que se contribuiría colocando como «líder» del partido de tres colores a un personaje particularmente propicio para el desánimo.

Aun así, no debe descartarse al PRI como rudo aspirante a continuar en el poder. La maquinaria gubernamental, la política asistencial, el dinero de procedencia oscura (o muy clara) y el control mediático pueden inflar figuras y despilfarrar millonadas en la compra de votos. El PRI apostará en 2018 por conservar el poder mediante sus siglas, porque es mucho lo que debe alejar de las franjas de riesgo. Los juegos de enmascaramiento, simulación y fraude son su especialidad. Dos sexenios duró el PAN en Los Pinos y natural parecería, si Peña y su equipo no hubieran cometido tantos errores y ofensas, que el partido tricolor se mantuviera cuando menos durante un término similar en la casa presidencial. Pero, si las condiciones le resultan irreversiblemente adversas, el PRI tiene en el Partido Acción Nacional su plan B, una propuesta gemelar que conservará de fondo lo hecho durante el peñismo, particularmente las reformas «estratégicas».

Sin figuras fuertes ni autocrítica: partido petrificado

La falta de vida interna verdadera y el acoplamiento de buena parte de la «militancia» a los beneficios del poder han petrificado al PRI y lo han dejado sin condiciones para frenar un curso negativo e imponer cambios en la ruta y la conducción. El presidencialismo clásico, con su partido convertido en mero instrumento, acalla las voces lúcidas y somete todo a la inercia del asentimiento marcial.

Resulta irónico que en momentos tan críticos como los que ha vivido el PRI con Peña Nieto, no haya una sola voz respetable que trate de construir alternativas viables a partir de la crítica y la autocrítica. Desplazado de la lucha por la gubernatura de Oaxaca, donde Peña apoyó al grupo de la familia Murat, el exgobernador de esa entidad, Ulises Ruiz Ortiz, ha sido de los pocos que han sacado la cabeza para presentar objeciones. La figura de Ruiz Ortiz,

sin embargo, es poco presentable en sociedad, pues como gobernador fue acusado de graves actos de corrupción y enfrentó con
ánimo sangriento la revuelta social de 2006, nucleada en lo que
se llamó la Asamblea Popular de los Pueblos de Oaxaca (APPO).
En ese episodio, al entonces gobernador lo acusaron de permitir y
propiciar secuestros, tortura y asesinatos. Con esos antecedentes,
Ruiz Ortiz pretendería ser una especie de conciencia justiciera del
PRI. («Subsecretario federal y exgobernador de Oaxaca crearon
red de negocios con sus familiares». Investigación especial, Diego
Enrique Osorno e Irving Huerta, *Aristegui Noticias*, 14/6/2016).

Los gobernadores priistas tampoco mueven ni permiten que
se mueva nada más allá de lo permitido por el centro político ubicado en la Ciudad de México. En los estados, esos gobernadores ponen como dirigente del PRI a quien ellos desean, salvo que
hubiera desacuerdos graves con el mencionado centro político.
En términos generales, los mandatarios estatales se encargan de
procesar las candidaturas para integrar la correspondiente nomenclatura local, es decir, diputados locales y presidentes municipales (salvo circunstancias en que un poder nacional tuviera
interés en impulsar a alguien por razones extraordinarias).

Las campañas también dependen de la habilidad de ese gobernante para poner a disposición de «sus» candidatos los recursos
suficientes, unos provenientes de planes y programas oficiales,
otros de la extracción de dinero público mediante tretas contables luego aprobadas por el mismo congreso local en cuya composición se invirtió ese dinero sustraído y, también, a través de
«préstamos», «donaciones» o «ayudas» de empresarios amigos,
entre ellos incluso los que estuviesen involucrados en actividades
peligrosas pero redituables.

Esa indisposición histórica del PRI para hacer algo más allá de
lo que le ordenan sus mandos, no tanto los partidistas como los
gubernamentales, provoca que sus candidaturas a cargos importantes provengan más de las pugnas o entendimientos cupulares

que de una elaboración política a partir de ciertos requerimientos básicos de liderazgo, experiencia y base social. Rumbo a 2018, esa carencia de figuras políticas relevantes, la recurrencia casi única a figuras con poder pero sin arraigo colectivo y una burocratitis con ambiciones hace que el PRI carezca de propuestas adecuadas para intentar la conservación del poder por vías más o menos tolerables para una sociedad encorajinada.

Elección de tercios, dividir con «independientes», ¿segunda vuelta?

En todo caso, el Revolucionario Institucional pareciera apostar a una estrategia que busca sostener la división en tercios del voto en 2018, la dispersión del ánimo opositor mediante incentivadas candidaturas «independientes» y la utilización de los recursos clásicos (en sus versiones modernas) del fraude antes, durante y después del depósito de sufragios en las urnas. Una treta en curso busca aprobar la segunda vuelta en elecciones presidenciales, previendo que gane el candidato de Morena, pero sin alcanzar la mitad más uno de los votos depositados, ante lo cual, en una siguiente vuelta, PRI y PAN (más los partidos satélites) podrían unirse y aspirar a conseguir un triunfo en repechaje.

El plan de los tercios considera como opciones electorales necesarias al PRI, con sus aliados, el Partido Verde Ecologista de México y el recuperado Partido Nueva Alianza (llamado Panal, que fue criatura de la cacica magisterial Elba Esther Gordillo); al Partido Acción Nacional, por sí mismo o en alianza con el de la Revolución Democrática, y al partido Morena, en solitario. Algunas encuestas de opinión ya fijaban esa tendencia de tercios en el otoño de 2016, en adelanto de lo que se fragua en los laboratorios electorales del sistema.

El priista puntero en esas encuestas de opinión ha sido el secretario federal de Gobernación, Miguel Ángel Osorio Chong, quien cuenta con la mayor experiencia política y electoral del equipo de primera fila del peñismo. Estudió en escuelas públicas, participó en la directiva de la Federación de Estudiantes Universitarios de Hidalgo, egresó como licenciado en Derecho (con insistentes versiones acerca de irregularidades académicas, como la del título apócrifo de licenciado en Derecho por la Universidad Autónoma de Hidalgo. «Falso, el título profesional del priista Osorio Chong», Juan Veledíaz, *El Universal,* 24/2/2005), recorrió la escalera de puestos en gobiernos municipales y estatales, presidió el comité estatal del PRI, fue diputado federal y, finalmente, en cuanto al ámbito local, gobernador del estado.

Como otros gobernadores, Osorio Chong apoyó el proyecto de su colega mexiquense, Enrique Peña Nieto, para buscar el regreso del PRI a Los Pinos en 2012. Terminó su periodo en Hidalgo el 31 de marzo de 2011, y el 8 de abril del mismo año recibía su designación como delegado del comité nacional priista para supervisar la campaña de Eruviel Ávila en pos de la gubernatura del Estado de México. El presidente nacional del PRI era el coahuilense Humberto Moreira, y Osorio Chong era enviado a cuidar los intereses de Peña Nieto, quien tuvo que aceptar como candidato, en su estado natal, al mencionado Eruviel Ávila, para conjurar una escisión que, postulada por el PAN o el PRD, hubiera puesto en riesgo la continuidad del PRI en la entidad y las expectativas nacionales de Peña. El mismo día que Osorio fue nombrado delegado, Luis Videgaray Caso asumía la presidencia estatal del PRI y se consolidaba como coordinador de la campaña de Ávila.

Bando tecnocrático repele a Osorio Chong

Como secretario de Gobernación, Osorio Chong se ha confrontado con el grupo tecnocrático encabezado por Luis Videgaray (quien dejó la Secretaría de Hacienda en septiembre de 2016, pero regresó como secretario de Relaciones Exteriores en enero de 2017). Un punto fuerte de ruptura se produjo en el contexto de las protestas magisteriales que en varios estados implicaron el bloqueo de carreteras estatales y federales. Como se mencionó en páginas anteriores, el 19 de junio de 2016, en Asunción Nochixtlán, Oaxaca, la Policía Federal, dirigida por Froylán Carlos Cruz, subordinado de Osorio, disparó contra pobladores del lugar y dejó ocho muertos y un centenar de heridos, lo que reactivó el movimiento de oposición a una reforma educativa, retiró provisionalmente del escenario al secretario de Educación, Aurelio Nuño (distanciado del mando de Videgaray pero, a fin de cuentas, parte del mismo bando) y devolvió a Osorio Chong el manejo del problema mediante acuerdos privados y la instalación de mesas de negociación.

El grupo tecnocrático nunca perdonó esa ofensa del exgobernador de Hidalgo, y en agosto de 2016 fue destituido Enrique Galindo Ceballos, el comisionado de la Policía Federal, brazo operativo de Osorio Chong, y se habló de iniciar una investigación judicial para «deslindar responsabilidades» de lo sucedido en Asunción Nochixtlán.

En su ejercicio como acotado responsable de la política interior, Osorio Chong ha acumulado puntos negativos. Desde la fuga del narcotraficante Joaquín Guzmán Loera, *el Chapo*, los múltiples actos criminales en que ha participado la Policía Federal bajo su mando, hasta el desorden en los centros penitenciarios federales y en los órganos de inteligencia política. De su historial hidalguense, sus adversarios insisten en las versiones que relacionan ese ejercicio de gobierno con la protección e impulso de determinado cártel. («Hidalgo: la red "zeta" de funcionarios y exfuncionarios», *Proceso*, 10/4/2010).

Pepe Toño Meade, el más panista de los precandidatos priistas

La renuncia de Luis Videgaray Caso a la Secretaría de Hacienda en septiembre de 2016 pareció dejarlo a él, personalmente, fuera de las especulaciones sucesorias, pero no a su grupo. José Antonio

Meade Kuribreña pasó de la redituable repartición de recursos asistenciales, desde la Secretaría de Desarrollo Social, a la administración de una herencia envenenada en la Secretaría de Hacienda y Crédito Público, con crisis económica, recortes presupuestales (sobre todo en educación y salud) y mayor cobro de impuestos.

En términos ortodoxos, parecería que un reacomodo así conllevaría la disminución de las posibilidades de ser candidato presidencial. Pero el grupo tecnocrático dominante en Los Pinos consideraba que esa vía era la mejor para colocar a un candidato que pudiera ganar a nombre del PRI, o ceder el paso al PAN en alguna maniobra final de alianzas necesarias.

Meade Kuribreña representa el panismo de clóset de una parte de los miembros de esa ala tecnocrática del poder formalmente priista. O, dicho de otra manera, personifica el entreveramiento ideológico bipartidista (PRI–PAN) de la corriente «aséptica» de profesionistas llegados al poder por vías tecnocráticas, para quienes da más o menos lo mismo prestar sus servicios en administraciones panistas o priistas, de derecha o de izquierda. En ese sentido, el gobierno federal ha incorporado en puestos medios y altos a un flujo de cuadros que estudiaron en institutos privados, de alto nivel, y fueron entrenados en el Banco de México, la Secretaría de Hacienda e instituciones internacionales de corte neoliberal.

Para efectos de un bipartidismo inducido, Meade Kuribreña es un candidato ideal. Tiene buenas relaciones con la élite panista, pues fue funcionario en las administraciones de Vicente Fox y Felipe Calderón. Con el primero, como director de Financiera Rural, que sustituyó al pozo de corrupción llamado Banrural. Con Calderón fue secretario de Energía y de Hacienda, este último cargo justamente en el tramo final de la administración panista, de tal manera que a Meade le tocó entregar la estafeta a Videgaray Caso, quien se la devolvió en septiembre de 2016.

La apuesta a favor de Meade Kuribreña ya se ha vivido en otros sexenios, cuando el dedo presidencial ha tenido que escoger entre las opciones «política» y «económica» para postular candidato a la sucesión. En esta ocasión, también se promovió la versión de que las circunstancias económicas, nacionales e internacionales, requerirían de un mando nacional profundamente conocedor de la economía y las finanzas, con relaciones y respeto en la comunidad del gran capital. Además, sus valores personales (sobre todo se menciona la «decencia») permitirían una competencia electoral respetuosa y pacífica (justamente cuando todo apuntaría a lo contrario), al final de la cual el PAN estaría dispuesto a reconocer el triunfo de un buen ciudadano, como Meade, o este de reconocer el triunfo del PAN, todo entre canales de comunicación confiables y serenos.

¿Claudia Ruiz Massieu, Eruviel Ávila o algún «tapado»?

Otros personajes de la eventual baraja priista parecían poco perfilados en ese septiembre de 2016. Un poco se hablaba de la posibilidad de enfilar a Claudia Ruiz Massieu Salinas de Gortari, quien había sido secretaria de Turismo y de allí había pasado a la Secretaría de Relaciones Exteriores. Sobrina del expresidente Carlos Salinas de Gortari e hija de José Francisco Ruiz Massieu, exgobernador de Guerrero, asesinado en 1994, la funcionaria peñista tuvo la oportunidad de capitalizar a su favor el enojo por la visita de Donald Trump, pues se hizo saber que se había opuesto a ese asomo del republicano y que, ni siquiera informada a tiempo del viaje que haría el empresario, había considerado la posibilidad de renunciar a su cartera. No lo hizo y quedó como corresponsable, así fuera por omisión, de lo sucedido.

Como posible candidato presidencial también se ha mencionado al gobernador del Estado de México, Eruviel Ávila, quien sobrellevó durante su gestión la carga de no haber sido el candidato deseado por Peña Nieto para relevarlo en Toluca, y las dificultades cotidianas de tomar decisiones locales bajo la mirada y la presión del mando nacional, que asumió el terruño como propiedad política personal.

En la solución del enigma electoral de 2018 el PRI debe mantener la colaboración del Partido Verde Ecologista de México, al que Peña Nieto entregó cuotas en el gabinete como pago por la ayuda en 2012. El gobernador de Chiapas, Manuel Velasco Coello, sumamente desgastado en el ejercicio del poder estatal, es una de las piezas del Verde que aspiran a encontrar acomodo. Otra variante de interés será la relación del PRI con los candidatos «independientes».

⌁

Licenciado Martínez, 52 años, operador electoral

A la gente se le va olvidando todo. Mucho enojo hoy, menos mañana, ni quién se acuerde en una semana. Por eso es importante concentrar los recursos para el momento exacto. Ni antes ni después. Estrategia electoral. Los medios de comunicación, los medios económicos y los medio brutos que luego somos los que votamos. No te creas. Pero es que todo se concentra en el tramo final. La gente se alebresta y amenaza. No: que ahora sí vamos a votar por otro candidato, por el que nos dé más. No: que ya estamos cansados de los de siempre. Pero, al final, la gente vota por la tranquilidad, por la paz. Prefiere lo seguro. Y el PRI, con todos sus defectos, siempre ofrece lo mejor posible. No la demagogia del populismo ni la hipocresía de los mojigatos: la realidad. El PRI actúa sobre la realidad. Así somos los mexicanos. Y así nos encaminamos a un siglo de paz, desde que el jefe Plutarco les paró el alto a los jefecitos revolucionarios regionales y fundó lo que ahora es el partidazo. Mira, por ejemplo, el escándalo de lo del Trump. Uy, casi se cortaban las venas algunos. ¿Y sabes qué? Todo eso no fue sino una confirmación de que los mexicanos desean un presidencialismo y un sistema político firmes.

A nadie le importó todo lo malo que se había hecho en la administración de Peña que, la verdad, pues sí había muchas cosas malas. Lo que le encabritó a la gente fue ver que el presidente, quien fuera, se apendejara, que se lo comiera un gringo. ¿Te das cuenta? ¡Quieren un presidente fuerte, cabrón, que no se deje chamaquear! ¿Que ha robado, que tiene querida o querido, que se la pasa en el desmadre, que ha causado tragedias y muertes? No importa. Nomás que no se deje taruguear, que defienda bien y bonito la institución. Entonces, si les pones a alguien que les lave bien el coco, que prometa defender la dignidad de los mexicanos y que ponga cara de Juan Camaney, pues ya la hiciste. La política es teatro, mi buen. Y la gente le chifla a los malos actores y les aplaude a los buenos. Eso es todo. Y, como te digo, buen billete, buena estrategia de propaganda y de medios, y la operación electoral efectiva el mero día de los votos. No es tan difícil, de veras...

～/|～

La izquierda (o lo así llamado) que el sistema se llevó

En el principio de los tiempos partidistas modernos era posible avizorar al Partido Comunista Mexicano, la formación de izquierda que supo moverse en la clandestinidad en las épocas duras y abrirse a la lucha electoral en las coyunturas propicias, convencidos sus esforzados militantes de la importancia de aprovechar las circunstancias electorales para dar visibilidad y refuerzo a luchas sociales, deseosos de organizar a las masas para promover transformaciones profundas y, en ese contexto, darle un sentido útil a la participación electoral tradicional.

Los comunistas mexicanos se esforzaron por organizar la lucha social y hacer que las masas tomaran conciencia de las causas profundas y reales de su situación desvalida. Perseguidos y siempre reprimidos (del despido laboral al encarcelamiento o la desaparición física), muchos de aquellos militantes dedicaron su vida a la defensa de sus ideas, prescindiendo de vida familiar y de estabilidad en los ingresos económicos.

Como sucedió con otras formaciones de izquierda (el trotskismo mexicano es una historia aparte), la ruptura priista encabezada por Cuauhtémoc Cárdenas a la hora de la sucesión presidencial de 1988, arrastró a la tentación de la aventura electoral unitaria a muchos cuadros maduros y fuertes, pertenecientes al mosaico de siglas, divisiones, reconciliaciones y nuevas divisiones de la izquierda mexicana. En ese lance, una buena parte de lo mejor de la izquierda original entró en un proceso irreversible de burocratización, disueltos los ideales y las prácticas históricas en la nueva vida política a sueldo y con prestaciones.

Otros resistieron e insistieron en la lucha social, en la defensa gremial, en las organizaciones rurales y urbanas. Pero, en el fondo, es probable que la descomposición nacional vivida a lo largo de décadas recientes haya sido de tales dimensiones también a causa de la incapacidad de la izquierda para alcanzar metas políticas importantes, inmerso ese segmento en una constante suma de derrotas y «traiciones», sometido primordialmente a la zanahoria electoral.

Una revisión de lo que ha acontecido con la izquierda mexicana puede intentarse desde lo sucedido en 2016. Ese año se perfeccionó la rotura de la complicada aglutinación de siglas e intereses grupales que había posibilitado el tránsito institucional de cinco candidaturas presidenciales, dos del tabasqueño Andrés Manuel López Obrador (AMLO) y tres de Cuauhtémoc Cárdenas Solórzano. En 2006, con la Coalición por el Bien de Todos, y en 2012 con el Movimiento Progresista, AMLO se hizo acompañar de los partidos de la Revolución Democrática, del Trabajo y Convergencia (este luego cambió su denominación a Movimiento Ciudadano).

Pero, terminado el segundo intento por ocupar la silla presidencial en 2012, AMLO decidió constituir su propio partido, el Movimiento Regeneración Nacional (Morena), que determinó competir por sí mismo, sin alianzas (en las intermedias de 2015 fue por disposición legal ineludible, pero en 2016 ya sin esa atadura inaugural), con el propósito de polarizar las preferencias de voto hacia una variable única de oposición rigurosa al régimen y, por otro lado, para acelerar el desfondamiento de la que fue su matriz durante décadas, el PRD.

La dispersión del voto de izquierda, o progresista, ayudó a que el PRI se mantuviera en el poder (Oaxaca y Zacatecas, dos ejemplos concretos) y permitió que el rechazo al priismo corrupto y criminal fuera canalizado hacia la derecha panista.

La aritmética electoral no acepta el embrujo de las (buenas) intenciones, así que el simple ejercicio de sumas y restas (en comicios de gubernaturas, diputados locales y presidencias municipales y jefes delegacionales en la Ciudad de México) muestra en términos numéricos que la división le ha impedido a la izquierda partidista multiplicarse (aunque ahora Morena tenga más votos que el PRD y la tendencia parezca imparable; pero, a fin de cuentas, son más o menos los mismos votos, repartidos ahora entre dos, que antes eran uno). Mientras tanto, el PRI se sostiene (a pesar de todo) y la derecha panista se fortalece en busca de reinstalarse en Los Pinos.

El Partido de la Revolución Democrática, desangrado políticamente por la renuncia de la mayoría de sus cuadros importantes (Cárdenas y López Obrador, entre ellos), descalificado por su adhesión al Pacto por México y en la mira de AMLO-Morena, solo tuvo como alternativa de supervivencia convertirse en aliado anémico del Partido Acción Nacional.

Los Chuchos, el Pacto por México, el declive

Su crisis interna coincide, o es producto, de la decadencia del largo dominio estructural de la corriente Nueva Izquierda, mejor conocida por el hipocorístico de algunos de sus principales dirigentes, los Chuchos (Jesús Ortega y Jesús Zambrano).

En particular, el punto de quiebre se dio cuando el PRD participó en las negociaciones del acuerdo entre partidos que se denominaría Pacto por México, que constituyó la plataforma de consensos en el poder legislativo que permitió a Peña Nieto impulsar las reformas que llamó «estratégicas» y que han resultado, como lo advertían quienes se oponían a que el PRD (teóricamente de izquierda) las suscribiera y apoyara, medidas cantadamente dañinas para el interés popular.

Luego de la firma del Pacto por México y del apoyo a este por parte de las bancadas perredistas en las cámaras, el Partido de la Revolución Democrática ha vivido en una inestabilidad que ha hecho que un periodo de tres años de dirigencia tuviese que ser ocupado por cuatro personas distintas.

El originalmente electo, Carlos Navarrete, miembro del grupo de los Chuchos, duró 13 meses en la presidencia del partido. Renunció, al igual que el secretario general, Héctor Bautista (líder de la corriente Alternativa Democrática Nacional, que ha ido ganando fuerza hasta estar a la par o por encima de los Chuchos) y, entre tantos líos internos, se llegó al peculiar acuerdo de designar como sucesor a alguien virtualmente externo (Agustín Basave Benítez se afilió al sol azteca para presidirlo), que recibió 97 por ciento de los votos de los consejeros nacionales del PRD para ser presidente, pero no tuvo las condiciones adecuadas de gobernabilidad interna, justamente a causa de esas corrientes internas que actúan como férreas gestoras de sus exclusivos intereses.

Basave duró siete meses como dirigente y fue relevado por Beatriz Mojica Morga, guerrerense que también forma parte del grupo de los Chuchos, quien estuvo como interina durante 13 días, luego de los cuales quedó Alejandra Barrales Pontones, quien era secretaria de Educación en el gobierno de la capital del país, con Miguel Ángel Mancera, quien así se hizo del control del PRD.

Los perredistas parecen ser una especie en extinción, sobre todo en la Ciudad de México, donde Morena ha cosechado el buen recuerdo del paso de López Obrador por la jefatura de Gobierno, condenados a seguir a remolque en contradictorias alianzas electorales con el PAN, para mantener cierta viabilidad, o sucumbir ante el trasvase de votos hacia Morena.

¿Y el Partido del Trabajo y Convergencia, ahora Movimiento Ciudadano?

Viven suertes diversas los otros dos partidos que acompañaron el curso electoral de López Obrador hasta que este decidió formar el propio. El Partido del Trabajo, impulsado en su momento por Raúl Salinas de Gortari, el comisionista cuasi oficial durante el gobierno de su hermano Carlos, ha batallado para mantener su registro y, obviamente, los beneficios económicos de esa condición. Dirigido por un grupo en el que Alberto Anaya actúa como virtual presidente, el PT es una organización agotada, cuya respiración boca a boca ha sido dada por el propio sistema que tratará de usarla para más fines divisorios.

El Movimiento Ciudadano ha sido una revelación. Siempre bajo la batuta del exgobernador veracruzano Dante Delgado, el expartido Convergencia tuvo muy buenos resultados en las elecciones intermedias de 2015. Aun cuando los lentes analíticos se posaron más en el proceso AMLO-Morena, que resulta de mayor vistosidad, el MC mostró un crecimiento y una diversificación que lo colocaron muy lejos de la franja de riesgo de perder su registro, reconstituido (lo que no pudo hacer el PT) luego de divorciarse del lopezobradorismo.

Por un lado, el MC se corrió abiertamente hacia la derecha, recogiendo divisiones e inconformidades de panistas o expanistas para hacerlos candidatos. Por otro, explotó y potenció a su nueva figura regional (ahora con pretensiones nacionales), Enrique Alfaro Ramírez (quien ha ido del PRI al PRD y luego a Convergencia, ahora MC), aliado (sin confesarlo) al panismo del grupo del exgobernador Emilio González Márquez. En sus primeros pasos políticos, Alfaro entró en conflicto con el jefe del grupo dominante en la Universidad de Guadalajara, Raúl Padilla López (quien juega a conveniencia en las canchas del PRI y el PRD) y optó por un camino personal que lo llevó a la presidencia municipal de Guadalajara (antes, la del conurbado Tlajomulco) y a ser una especie de gobernador alterno de Jalisco, pues coordina la acción política de los principales municipios del estado y de las bancadas de su partido en el congreso jalisciense y en la cámara federal de diputados.

~/|\~

Rosendo, 73 años, sonorense

Ya no sé ni en quién creer. Fui apasionado del zapatismo chiapaneco. Creí que el subcomandante iba a generar una transformación profunda en el país, una verdadera revolución. Fregones sus comunicados. Bonitas letras. Me chupaba yo todos sus textos. Soñaba con ir a esos lugares chiapanecos que me parecían un ensueño, la semilla del cambio. Pero todo se me fue borrando: muchas palabras, y los pasamontañas y la pipa del Sub, pero todo se quedó en ese reducto, en ese entorno nomás de ellos. Luego, algunos de los que eran los más apasionados neozapatistas se volvieron los más críticos de ese movimiento. Hablaban de traiciones, de arreglos. Puta madre. Me tumbaban a mis ídolos. También creí en Cuauhtémoc Cárdenas. No te rías que encabrona. Sí, bueno, ya se sabía que era un cachorro de la Revolución Mexicana, como habían llamado a aquel Miguel Alemán, el que fue presidente. Priista, sí. Pues no sé si todo ese movimiento lo hizo por despecho, porque no lo estaban juntando a la hora de nombrar al sucesor de Miguel de la Madrid, el que inició la onda esta del neoliberalismo. Sí, claro, había dejado de ser gobernador de Michoacán, ya ves que este estado fue como hacienda familiar: el papá Lázaro, el tío Dámaso, el hijo Lazarito y él mismo,

Cuauhtémoc, fueron gobernadores. Y este, Cárdenas Solórzano, también fue jefe de Gobierno del Distrito Federal. Tres veces candidato presidencial. Orita es quién sabe qué de asuntos internacionales del mismo gobierno de la Ciudad de México. Efectivamente, de puesto en puesto. Como ese otro, Porfirio Muñoz Ledo, que ha pasado por no sé cuántos partidos y ha defendido lo que antes atacaba y ataca lo que antes defendía. De hueso en hueso, pero con mucha labia. Bueno, pero te decía que sí hubo momentos en los que me emocioné. Marchas, manifestaciones, funcionario de casilla, pancartas, ya sabes «Este puño sí se ve». También le entré, ya con recelos, a lo de López Obrador. A lo que voy es a esto, pues: nuestro pueblo sigue esperando caudillos, redentores. Y se encandila con el bla bla. Pero no se organiza, no contradice a esos líderes encumbrados, no los condiciona. Ah, qué bueno que ya apareció alguien que se va a poner a hacer lo que yo no quiero hacer. Y el poder corrompe. No importa que no alcancen el poder completo, el de la Presidencia de la República. En sus alcances, en algún lugar de la montaña o de la sierra, en alguna boleta electoral o en algún cargo de gobierno o de representación, nuestros líderes se van convirtiendo en servidores de su propia causa. Rodeados, sí, de sus camarillas de aduladores. De sus estados mayores. Y eso pasa en todos los partidos y con todos los personajes. Es la historia de nuestro México. Una historia desdichada. De un puñado de enriquecidos hasta la ofensa y legiones de muertos de hambre y supervivientes funcionales. Así se nos va la vida. Encabronados pero, pregunto en serio, como en la película aquella, ¿sin salida?

Mancera, los independientes, la simulación divisoria

De protagonista, el partido que tiene como emblema un sol azteca ha pasado a cumplir con un papel de reparto. En dos elecciones consecutivas (2006 y 2012) estuvo a punto de alcanzar el máximo poder nacional, la Presidencia de la República. Ahora, rumbo a 2018, el perredismo aparece desprovisto de figuras aventajadas y de una propuesta política atractiva. Su principal carta es Miguel Ángel Mancera Espinosa (MAM), un abogado que prefiere jugar como «externo» aunque, al mismo tiempo, mantiene el control de ese partido en los ámbitos directivos nacional y de la capital del país. No es de izquierda y, por el contrario, ha sostenido una política de represión a movimientos sociales y a expresiones de protesta, y se ha colocado en una confortable relación de entendimiento con el priista que ocupa la Presidencia de la República.

El caso de Mancera ilustra los riesgos y la maleabilidad de los candidatos «independientes» (se usan las comillas para diferenciarlos de los genuinos, que sí los hay y que buscan incidir en la política sin ser parapeto de partidos o grupos de poder). Llegó a la jefatura del gobierno de la Ciudad de México en función de arreglos realizados en 2011 por Andrés Manuel López Obrador y Marcelo Ebrard (el primero se quedaría con la candidatura a presidente de la República, y el segundo, con el control negociado de la capital del país). No tenía ningún antecedente político de izquierda, no estaba ni está afiliado al PRD y tampoco tenía una carrera política importante.

Confrontado con Ebrard y distanciado de López Obrador, Miguel Ángel Mancera es en 2017 el jefe político del debilitado PRD, en constante relación política con Jaime Rodríguez Calderón, *el Bronco*, gobernador de Nuevo León (quien fue priista durante tres décadas), y los presidentes municipales Enrique Alfaro, de Guadalajara (de Movimiento Ciudadano), y Alfonso Martínez, de Morelia (expanista). Mancera ha tratado de construir una alianza entre algunos de esos «independientes» y pretende repetir la fórmula lopezobradorista utilizada en dos elecciones presidenciales: PRD más los partidos del Trabajo y Movimiento Ciudadano (antes Convergencia).

Si se mantuvieran las tendencias en encuestas de opinión conocidas a la hora de teclear las presentes líneas (y si las tales
encuestas reflejaran la realidad), el armado mancerista «independiente» no cambiaría drásticamente el escenario aparentemente
dominado por Morena, PAN y PRI. Pero podría servir para disminuir los votos a favor de López Obrador y permitiría negociaciones con los finalistas, para incluir en cargos y candidaturas a los
jefes del mosaico pluripartidista minoritario.

Tales andanzas «independientes» confirman el carácter simu-
lador, oportunista e intencionalmente divisorio del voto que pueden asumir algunas de esas candidaturas, que fueron colocadas
como experimento en Nuevo León, con el mencionado Rodríguez
Calderón, *el Bronco*, como inaugurador triunfal, a pesar de su larga carrera de priismo dócil y de haber presentado una propuesta
electoral simplona, fanfarrona e incumplible.

Esa figura política de novedad, los candidatos independientes, ha impulsado a algunos ciudadanos honestos a tratar de uti-
lizarla para eludir los controles y restricciones impuestos por los
partidos políticos. Pero también ha servido para promover presuntas postulaciones que, por los antecedentes de quienes las
buscan, y por las relaciones a la vista con determinados candidatos partidistas, sugieren un simple revoloteo especulativo en busca de desembocar más adelante en proyectos a favor o en contra
de candidatos partidistas ya determinados.

—⁓—

Licenciada González, politóloga y publirrelacionista

*En política nada sale de la nada. Todo tiene un porqué. «Independiente»
es una etiqueta y así hay que trabajarla. Pero, obviamente, crear
una figura para gobernador o para presidente de la República no
es como organizar una elección de jefe de grupo en la secundaria.*

Excepciones las hay, desde luego. Hubo una en Jalisco y alguna otra por ahí. Y seguramente surgirán otras, genuinas. Pero la regla es que se necesita dinero, mucho dinero. A Jaime lo apoyaron empresarios muy ricos y políticos muy poderosos. Harto dinero, diciendo que no lo había. Muchos compromisos con ciertas élites, diciendo que no se harían. Así es esto. Y experimentamos respecto a las redes sociales, que fueron una bendición. La gente cree en las novedades aunque quien las represente sea el dinosaurio más viejo. Creamos una figura, una imagen, con muchos recursos invertidos en su manejo y con una extraordinaria lectura nuestra de lo que la gente pedía y necesitaba. La identificación fue plena. Y cayeron los votos en cascada. Cumplirle a la gente, cumplir las promesas, ya es otro rollo. No es asunto nuestro. Sí, claro que se desgasta la figura de lo «independiente» si el triunfador no cumple. Pero esa ya es otra historia. Lo importante es ganar el poder, a la antigüita o con estas novedades. Total, la gente aguanta.

SEXTA PARTE

Nada cambiará de verdad en México
si no hay un estremecimiento
profundo

México, necesitado de un estremecimiento político y social

¿Por qué, a pesar del enorme enojo contra Peña Nieto, apenas unos miles marchan en apoyo a la demanda de que renuncie? ¿Por qué se multiplican las marchas y las protestas y nada sucede? ¿Por qué tanta gente está encabronada pero no encuentra vías eficaces para castigar a los responsables de la crisis y forzar cambios positivos?

Hay que tomar en cuenta que el enojo, la indignación, el mexicano encabronamiento, de nada sirven ni servirán si no hay organización, programa y lucha. En sí misma, la acumulación de ira puede quedar solamente en una coartada para la inacción, e incluso suele devenir en desencanto, amargura y aislamiento.

Plena está la nación mexicana de esa irritación desbordada, del acaloramiento que se desparrama en las redes sociales y en la plática cotidiana; Facebook y Twitter como los nuevos canales de desahogo, cargados de palabras y animosidad, oportunos espacios instantáneos para reportar y denunciar hechos y circunstancias que de otra manera habrían sido ignorados o relegados, muy adecuadas tales vías cibernéticas para ser eficaces si se aprende a usarlas con sentido de transformación política y social. Pero eso no es ni puede ser todo.

Es necesario recordar que no habrá cambios de fondo en este México si sus ciudadanos no se deciden a pelear, a levantarse contra lo que está mal pero hasta ahora se ha tolerado y sobrellevado. Mientras los mexicanos sigamos manteniendo una actitud de sumisión cívica disfrazada de ironía o distanciamiento, todo seguirá igual. O mientras el enojo siga quedándose en las marchas, pancartas, consignas o, aún peor, en la pura esperanza electoral, en la rutina expiatoria de los candidatos, las campañas y las urnas, ¿quieres que te lo cuente otra vez? Es necesario un levantamiento ciudadano. Levantar la cara, levantar la voz, levantarse del asiento cómodo y el escepticismo paralizante. ¡Levántate mexicano!

Nada va a cambiar si México no se estremece de verdad. Este sistema, corrupto y criminal, no va a modificarse por la benévola decisión de sus dirigentes, de lo que se llama la «clase política» (que incluye a los que están en el poder y a sus opositores). Solo la participación masiva y organizada podrá remover el amalgamiento de intereses de élite que mantiene al país postrado, a los movimientos reivindicatorios divididos, y a la energía social, deseosa de cambios profundos y oportunos, atada al trote de los tiempos electorales.

Es absolutamente iluso suponer que el sistema, en un proceso benevolente (y aquí la referencia es a todos los partidos políticos y a todas sus opciones, incluso las opositoras, incluso las más opositoras), va a generar los cambios que retiren ganancias y privilegios a quienes están en lo alto y disfrutan de todo lo que la inmensa mayoría carece. Los mecanismos electorales, políticos, policiacos, militares, judiciales, económicos y mediáticos están ajustados para hacer que la carreta siga rodando, arriba los de arriba, abajo

los de abajo, con ascensos y descensos circunstanciales y dosifica-
dos que, en realidad, no afectan lo sustancial sino lo consolidan.

El estremecimiento del que se habla líneas arriba implica un
grado necesario de alteración y convulsión (el diccionario de la
Real Academia Española así lo define, como «temblar con movimiento agitado y repentino», «sentir una repentina sacudida ner-
viosa o sobresalto en el ánimo»). Pero, para el caso mexicano, ese
estremecimiento debe ser prolongado e intenso. Una zarandea-
da al esquema institucional de controles que obligue a reformas
radicales. Una sacudida tan enérgica que no permita más simulaciones y parches.

Lograr ese estremecimiento parece, hoy, una tarea muy difícil. La sociedad mexicana vive anestesiada por el control
mediático (instalado, en especial, por las televisoras y particularmente por Televisa), amedrentada por la violencia creciente, con-
centrada en las faenas de supervivencia diaria y dominada por el
espíritu fatalista que le hace ver (por dolorosa experiencia histórica) que no hay opciones electorales confiables y, si las hubiera,
serían doblegadas a la mala por el propio sistema. Además, con el
control militarizado que se ha implantado en el país, con el «combate» al crimen organizado como justificante, y con las bandas
delictivas como instrumentos disponibles para amenazar o ejecutar a opositores, los ánimos cívicos se diluyen o, en el otro extremo, se radicalizan pero sin marchar al ritmo de la sociedad, a
veces incluso confrontando o lesionando los intereses inmedia-
tos del pueblo al que pretenden defender y liberar.

Gradualismo: «gracias por participar»

¿Cómo impedir que los gobernantes se sigan burlando de la sociedad? ¿Ir a las urnas, una y otra vez, aunque haya fraudes, es la
vía que permitirá cambiar las cosas? ¿México podrá transformar-
se positivamente si en lo alto de su pirámide de poder es colocado
un hombre o varios hombres con buenas intenciones?

Las doctrinas del gradualismo electoral hasta ahora puestas en práctica han significado en los hechos, en lo concreto, concesiones a los poderes fraudulentos para instalar y robustecer políticas sumamente lesivas para el país. Esa estrategia, de cambiar el sistema «desde dentro», ha sido practicada por Vicente Lombardo Toledano (con su Partido Popular Socialista), Rafael Aguilar Talamantes (creador del Partido Socialista de los Trabajadores y del Partido del Frente Cardenista de Reconstrucción Nacional), los Chuchos perredistas y, en una vertiente derechista de «legitimaciones» gananciosas, el panismo del *Jefe* Diego Fernández de Cevallos y similares.

Otras formas de gradualismo se han derivado de la entrevista secreta entre Cuauhtémoc Cárdenas y Carlos Salinas de Gortari, la cual dio pauta a la conversión del enojo social por las elecciones de 1988 en un nuevo partido, el de la Revolución Democrática; y esas formas también se han expresado, a partir de 2006, en la reincidencia electoral y el orgullo de no haber roto ni un solo vidrio en movilizaciones multitudinarias de Andrés Manuel López Obrador, con la creación de otro partido de izquierda (Morena) a partir de otro fraude electoral, el de 2012. Un gradualismo funcional al sistema, desde la primera tanda de reformas neoliberales del salinismo original, pasando por la «guerra contra el narcotráfico» de Calderón y el consecuente baño de sangre en el país, hasta llegar a las reformas «estratégicas» del peñismo (una especie de segunda tanda del salinismo) y la firma de compromisos jurídicos con corporaciones extranjeras, que en la práctica serán casi irreversibles, llegue quien llegue a la Presidencia de la República en 2018.

En ese contexto es importante asumir que no hay ni puede haber salida solo por la vía de los votos. El sistema político ha construido una trama para la participación electoral que está plenamente controlada por ese mismo sistema. De ahí que, hasta ahora, la ruta de las urnas haya sido marcadamente fallida, por más intentos que se han realizado de llevar a la Presidencia de la

República a alguna opción con más compromiso con las masas que con las élites (ejemplos de décadas recientes: en 1988, con Cuauhtémoc Cárdenas Solórzano, y en 2006 y 2012, con Andrés Manuel López Obrador).

El peso inhabilitador de ese sistema hace que los resultados «adversos» sigan jugando estructuralmente a su favor, incluso cuando han llegado a gubernaturas y presidencias municipales algunos candidatos opositores. Salvo algunos ejemplos notables (entre ellos el doctor Salvador Nava Martínez, en la presidencia de la ciudad de San Luis Potosí; Alejandro Gascón Mercado, en Tepic, Nayarit, y el propio López Obrador, en la Ciudad de México), casi todos quienes han arribado a sillas de mando como esperanza popular de cambio han sido doblegados (o, simplemente, absorbidos) por la política «real», por los compromisos y los intereses de élite, por la gobernabilidad sujeta a los acuerdos con las cúpulas y por las tentaciones del enriquecimiento compartido. No es que haya «traiciones» o «desviaciones»: ninguna construcción política será sana y viable para los intereses populares si no proviene de un trabajo de armado desde abajo, a través de la discusión y definición colectivas, con participación verdadera de los ciudadanos, no solamente a la hora de la jornada electoral.

Son necesarias las diferencias, la toma de partido

Entre otras fórmulas de contención de las masas está la siembra de clichés que simplifican y desvirtúan los procesos políticos (clichés que impiden tomar conciencia plena de los problemas y, por tanto, luchar con lucidez para cambiar el sistema). Uno de ellos postula que todo mundo debería unirse para luchar «por México», pues lo importante es trabajar por un objetivo común. Con esa propuesta por delante se pretende descalificar el proceso natural, justificado y legítimo de discusión y de toma de partido. La «política» se haría innecesaria y la batalla electoral, política y social resultaría superflua, nociva; unidos todos, tal vez a partir del pase de alguna varita mágica, desaparecerían los puntos centrales de confrontación social y nos encaminaríamos a formas de representación política que serían beatíficas o casi angelicales. En las mismas redes sociales puede leerse con frecuencia a usuarios que plantean interrogantes enfáticas para saber por qué los partidos y los políticos no hacen a un lado sus «intereses» particulares para dedicarse «a trabajar».

No hay ni puede haber esa acompasada marcha de unanimidad política «pasteurizada». Por el contrario, cada día es más necesaria la discusión profunda de los asuntos públicos para fijar posiciones que correspondan a los intereses de cada segmento social. Hasta ahora, solamente los grupos de élite tienen precisión en sus objetivos (y organización y representación para defenderlos y promoverlos). Las cámaras patronales, los cabilderos, los diputados y senadores provenientes de filas empresariales, la élite eclesiástica, dan ejemplo de esas gestiones prácticas.

En cambio, los sectores populares no tienen quien los defienda verdaderamente. Dispersos, mal informados, manipulados, sometidos, muchos mexicanos siguen esperando soluciones políticas providenciales, golpes electorales de suerte, buenaventura porque sí. Muchos aguardan a que papá gobierno, con los colores partidistas que sean, resuelva las cosas y se apiade de las calamidades extremas; otros arriman sus esperanzas a la expectativa de moda, sea esta la «alternancia» del panismo foxista, el caudillismo en el PRD luego reacomodado como Morena e incluso la guapura y «frescura» ignara del peñismo gaviotesco.

Los métodos de control social (y electoral) habían funcionado en la planicie ciudadana, pero los tiempos que corren a la hora de redactar las presentes líneas son de una toma de conciencia social acelerada (pero no por ello perdurable ni necesariamente transformadora). Es tan evidente el proceso grotesco de apropiación de la riqueza nacional, de devaluación económica (no solo en términos de paridad del peso frente al dólar), de entronización de la delincuencia como gobierno y sistema político, que se extiende por la tierra mexicana un denso sabor a desencanto, una pesada sensación de fracaso ¿irreversible?, un hartazgo en busca de desahogo.

Entonces, ¿todo está perdido, no hay salida?
Es tan apabullante el conjunto de desgracias que afecta a los mexicanos que pareciera muy difícil salir de ellas. Una sombra de fatalidad irremontable suele cubrir casi cualquier intento de organización y lucha. Experiencias concretas y repetitivas han convencido a muchos del destino distorsionado que acabarán teniendo las luchas cívicas y políticas, con los dirigentes convertidos en interlocutores privilegiados del poder, casi siempre encaminados hacia el enriquecimiento personal y familiar. Sin embargo, la multiplicación de problemas de dimensiones hasta hace unos años desconocidas por la generalidad de la población, ha generado protestas correspondientes a la talla de la crisis que se vive.

Una de esas protestas persistentes, sostenidas, es la de los familiares de los 43 estudiantes normalistas desaparecidos en Iguala entre la noche del 26 y la madrugada del 27 de septiembre de 2014. Aun cuando la colección de ultrajes a la nación durante el peñismo es amplia, creo que el peor ha sido el referente a los jóvenes identificados social e históricamente con el número 43. El hecho, por sí mismo, es brutal, inconcebible en un Estado que se tuviera respeto.

Las áreas del gobierno federal que deberían contribuir al esclarecimiento del caso y al castigo de los responsables se asumieron como mecanismo predestinado a entrampar las investigaciones (como se vio en el caso del Grupo Interdisciplinario de Expertos Independientes, concertado con la Comisión Interamericana de Derechos Humanos) y para fabricar una ignominiosa narrativa desquiciada, producto de una mentalidad criminal, conocida como «la verdad histórica», con la que la administración Peña pretendió (como en el caso de la niña Paulette en el Estado de México, «encontrada» muerta en su propio colchón) dar por cerrado el caso con una fabulación infame sobre imposibles incineraciones de cuerpos en un basurero de Cocula, a cielo abierto. Además, el peñismo ha condenado a los padres y familiares de esos desaparecidos a cumplir una peregrinación eterna en los laberintos de la burocracia, en busca de atención, verdad y justicia.

Junto al de Ayotzinapa, el movimiento de los trabajadores de la educación, opuestos a una reforma laboral en su contra y que busca abrir el paso a privatizaciones, ha sido uno de los más persistentes y, más allá de las valoraciones específicas que cada cual tenga respecto a la forma de llevar a cabo esas protestas, lo cierto es que han marcado (negativamente) el transcurso sexenal de Peña Nieto y ayudan a precisar los límites y tonos que deben sostenerse para la defensa de derechos en esta administración violatoria de ellos.

Un gobierno, un sistema de esta calaña, solo puede ser enfrentado con fuerza, astucia y perseverancia, como lo han hecho ambos movimientos, el de Ayotzinapa y el de la Coordinadora Nacional de Trabajadores de la Educación (CNTE). Si se hubieran quedado en el plano de las declaraciones, los escritos formales y las denuncias mediáticas, simplemente habrían engrosado el amplio catálogo de las protestas desatendidas, de las injusticias sin esperanza verdadera de solución. En el fondo, pareciera que los enojos de ciertos segmentos sociales contra las disrupciones que provocan estas protestas provienen del inconsciente reconocimiento de que han sido capaces de sostener sus demandas frente a un Estado criminal, de mil maneras y con múltiples errores, pero finalmente constituyen dos notables excepciones a la regla de la apatía paralizante y el conformismo que nomás produce chispas iniciales.

Cierto es que el gran engaño consiste en hacernos creer que nada ha de cambiar, pase lo que pase, y que, al mismo tiempo, todo puede cambiar si se recorren los cauces institucionales. Es una larga historia de simulación: el gatopardismo mexicano refinado a lo largo de décadas, hasta llegar a la parodia actual.

He mencionado dos ejemplos muy polémicos, los alumnos de Ayotzinapa y los profesores de la CNTE, porque en ellos están representadas las debilidades y fortalezas de la protesta social. Es probable que algunas de las más ácidas críticas a esos dos movimientos, a sus expresiones y contexto, tengan validez, pero también lo tiene el hecho de que solo manteniendo una protesta en esa gradación ha sido posible enfrentar a un gobierno tan carente de eficacia política como el actual.

Y, sin embargo, ¡a luchar, a pelear!

Pero, a pesar de todo lo que hoy se vive en México, y justamente a causa de ello, entro en la parte final de este libro con un llamado a la acción cívica. Lo hago desde el encabronamiento fundado y firme de los años que llevo viendo transcurrir el engaño de la política y a mi patria languidecer. Lo hago desde el conocimiento directo de la política, que en una etapa de mi vida ejercí, y desde el análisis y la escritura que he practicado sin descanso durante las dos décadas recientes. En mi vida me queda cada vez menos tiempo para cederlo a la esperanza ilusa, pero sé que el tramo actual de la historia mexicana contiene los ingredientes suficientes para que los mexicanos puedan cambiar su destino, con lucha, sacrificio y entrega.

Nada va a cambiar en México sin la participación abierta de sus ciudadanos y sin esfuerzo. Un autoengaño convenenciero y comodino hace a muchos mexicanos exigir que otros realicen las mejoras que el país demanda, reprochando a funcionarios, legisladores, políticos y partidos que, mediante mágicas predisposiciones a terminar con su negocio histórico, «se pongan de acuerdo» y «trabajen unidos» por México. Hay otra porción social que repudia con gesto altivo la «sucia» política y, con ello, deja que los sucios políticos, que sí se dedican a la política, sigan hundiendo al país.

Participar, desmitificar, empujar, bueno, ¡hasta votar!

La acelerada descomposición institucional que se vive en México, con un ocupante del poder presidencial al que restan menos de dos años en funciones (tomando en cuenta la fecha de publicación de este libro), parece exigir soluciones rápidas y eficaces. Nunca se había tenido en Los Pinos un personaje tan deplorable y repudiado (con todo y que el catálogo presidencial mexicano está poblado de piezas profundamente rechazables). Las versiones de graves problemas de salud de Peña Nieto, los indicios de pugnas internas que pasan por encima de la declinante voluntad del presunto presidente y el ingreso a un mundo oficial de aberraciones constantes, sistemáticas, alientan a las élites nacionales a considerar posibilidades de relevos, refuerzos o contenciones. Enrique Peña Nieto ha demostrado en cuatro años una incapacidad extrema para gobernar y eso pone en riesgo los intereses de las cúpulas.

Sin entrar en especulaciones respecto al ajuste específico que decidieran hacer las fuerzas que ayudaron a EPN a llegar al poder, las circunstancias de inicios de 2017 son poco propicias para considerar un triunfo más o menos «natural» del PRI en la próxima contienda presidencial. El descrédito de un candidato del PRI a Los Pinos, fuera quien fuera, es de tal magnitud que solo un cierre de filas en las cúpulas, impresionante, violento, casi golpista, podría darle cierto margen de viabilidad a una imposición que no incendiara el país. En el marco de las consideraciones de esos factores dominantes está presente desde ahora la posibilidad de ceder el paso al Partido Acción Nacional, en particular a la opción de Margarita Zavala Gómez del Campo, con su esposo, Felipe Calderón Hinojosa, como edecán político.

La única alternativa frente a las tentaciones priistas del golpe impositivo seco o de la alternancia concertada con el panismo cómplice, está en el flanco de Morena, a pesar de la vocación caudillista del propietario de la franquicia partidista, Andrés Manuel López Obrador, y del manejo equívoco y caprichoso de esa opción que no es de izquierda plena, sino de reformismo con tintes conservadores. Por encima de esas graves deficiencias operativas, en Morena militan muchos de los mejores ciudadanos de este país, y en escenarios donde no es posible imponer la voluntad absoluta del líder, y hay contrapesos, Morena escribe páginas compartibles de lucha cívica progresista, como sucede en la Ciudad de México.

Los candidatos independientes, salvo excepciones, tampoco ofrecen una alternativa genuina. En varios casos esa figura está siendo utilizada para simular opciones apartidistas cuando, en el fondo, son proyectos en busca de negociaciones finales con determinados candidatos presidenciales de su previsible preferencia. Un caso especial, por su enorme capacidad de fingimiento, es el del gobernador de Nuevo León, Jaime Rodríguez Calderón, *el Bronco*, quien ha quedado reducido en su entidad a un poni político, pero con las mismas artes de engaño mercadológico pretende ofrecerse como opción para 2018, en un esquema de división del voto que terminaría favoreciendo al candidato oficial de los poderes actuales, fuera este priista o panista. De la «independencia» de Miguel Ángel Mancera (ya «distanciado» oportunamente de Peña Nieto, según hace saber) y el papel mercantil que puede jugar el PRD, ya se ha hablado capítulos atrás.

Pero en ese esquema de hundimiento, simulación e insuficiencias, el ciudadano en general sigue sin aparecer en escena como el factor esencial que es. Quien esto teclea considera que los candidatos y partidos hoy en liza no ofrecen posibilidades reales de cambios profundos, sino escénicos, de estilo, plenamente insertos en la continuidad del sistema actual.

Y, aun así, hay que participar, empujar, votar. La crítica condición del país exige dejar la apatía y el conformismo y pasar a la acción cívica, en donde a cada cual le toque, en la trinchera que le corresponda.

Es necesario, imprescindible, convertir el encabronamiento en organización y acción; desmitificar lo electoral y entenderlo como una fase; desmontar el discurso simplista y excluyente; asumir que solo un estremecimiento social generará cambios reales y desechar las expectativas mágicas, caudillistas, voluntaristas.

Este es mi México...
El dolor escurre turbio, frío, escamoso. Es la muerte, sí. Pero, sobre todo, es lo ignoto. No saber por qué, o saberlo y por ello mismo no decirlo ni gritarlo, por temor a que ello convoque más muertes, más dolor. Es la profunda convicción de que no habrá justicia. Que no la ha habido. Estar convencido de que la tragedia pudo haberse evitado, de que las cosas no tenían por qué terminar así. Pero México se ha convertido en el país del horror, de la injusticia garantizada, de la simulación y la manipulación, el reino del dinero en las alturas, la catedral del crimen permitido, el imperio de los asesinatos que no debían haber sido, del juego macabro de policías y ladrones que acaban siendo lo mismo, de los políticos gobernantes que solo piensan en hincharse los bolsillos de dinero mal habido y en preparar las próximas elecciones.

¿Qué hacer ante el caso del pequeño empresario, el padre de familia, el ciudadano de a pie que es ametrallado a las puertas de su negocio, que es incendiado porque no pagó el «derecho de piso» a los narcotraficantes, o el rescate del hijo secuestrado o el chantaje de quien sea de esos, los bien organizados, o sus imitadores amateurs, que igual unos u otros amenazan, exigen, secuestran, torturan, asesinan sin que haya autoridad que los frene o ante la cual se pueda presentar una denuncia con una mínima esperanza de que los hechos sean investigados y castigados?

¿Cómo llorar la muerte del hijo, hija, sobrino, jóvenes, viejos, todos expuestos a los asaltos en carreteras, casas, calles, y a los ataques en general de los mañosos, ya sean delincuentes explíci-tos o políticos o gobernantes y todo envuelto en el sabido empa-que de los agentes del ministerio público, los peritos forenses, los comisionistas de las agencias funerarias, los gruyeros, los aboga-dos, los burócratas, los mil y un buitres tendidos en vuelo de sa-queo sobre el dolor familiar que solo quiere la paz para el difunto o los difuntos y que busca la menos traumática de las rutas para llorar y aspirar al consuelo?

¿Cuántas preguntas más pueden hacerse a partir de lo que se ve y escucha cada día en nuestro México del desastre? ¿Quién no ha escuchado con rabia contenida el relato del secuestro, la desa-parición, la violación, el asalto, el chantaje, la golpiza, el asesina-to, el destazamiento, el horror? ¿Adónde ir o a quién pedir justicia o qué hacer, qué hacer, qué hacer?

Este es mi México. El de la llamada telefónica a medianoche para avisar de un secuestro y salir a esa hora a implorar la ayu-da de las autoridades y los policías, que no se moverán si no es con dinero a la mano y que seguramente están asociados con los propios secuestradores, que durante días estarán llamando para imponer las condiciones del pago del rescate y pondrán a la bo-cina al privado de la libertad, al que irán sometiendo a lo más salvaje e inhumano para ablandar al familiar al otro lado del te-léfono, quien así irá sumiéndose en el infierno en vida del que no saldrá ni pagando lo solicitado, pues probablemente los secues-tradores terminarán asesinando al rehén después de recibir el di-nero y todo seguirá como si nada entre políticos y legisladores, haciendo discursos y mostrando estadísticas y haciéndose pasar por compungidos ante los graves hechos delictivos que, sin em-bargo, dirán que van a la baja, y seguirán yendo mientras se vote a favor de ellos y siga adelante el sacrosanto sistema de mierda que exactamente se nutre de esta suciedad social y de la injusticia convertible en fajos de billetes.

Este es mi México. El del bebé de nueve meses de edad robado en Puebla por asaltantes que solo recibieron 2,000 pesos en efectivo de la caja de una empresa de alquiler de maquinaria pesada donde la mamá era empleada y tenía a su pequeño a un lado en una carriola. El de las mujeres asaltadas y violadas en autobuses de pasajeros que transitan sobre carreteras federales donde hay delincuentes pero nunca policías. El de los conductores de automóviles que en las ciudades son asesinados de un tiro en la cabeza por otros conductores enardecidos por algún accidente de tránsito o por simples buscadores de pretextos para soltar contra cualquiera los disparos de fanfarronería que les confirmen que viven en el México de la impunidad absoluta.

Este es el color de nuestra negra realidad patria. Rojo. Rojo sangre. Rojo fosas clandestinas. Rojo de las tantas muertes archivadas/olvidadas. Rojo el semáforo social. Rojo tú. Rojo yo. Rojos nosotros. Rojo todo.